Ein Fall für die MounTeens

Band 4

FSC
www.fsc.org
MIX
Papier aus verantwortungsvollen Quellen
Paper from responsible sources
FSC® C105338

Mit freundlicher Unterstützung von **Zürioberland Kultur**

Impressum

Illustrationen und Covergestaltung: Natalie Behle
Korrektorat: Beat Zaugg

ISBN
978-3-906037-64-6 (Hardcover)
Auch erhältlich als:
978-3-906037-60-0 (Taschenbuch)
978-3-906037-65-3 (ebook)

www.boox-verlag.ch
(Mit 1% seiner Einnahmen unterstützt der Verlag eine Umweltschutzorganisation)

Marcel Naas

Alarm am Gletscher

Der vierte Fall für die MounTeens

boox-verlag

Für Melina

Inhalt

Die MounTeens sind ...

Sam

Samuel Winter, von seinen Freunden Sam genannt, ist für seine dreizehn Jahre gross, kräftig und ein richtig guter Sportler. Er ist stets voller Tatendrang, wagemutig und besitzt einen ausgeprägten Sinn für Gerechtigkeit. Vielleicht liegt das ja daran, dass sein Vater, Wachtmeister Jan Winter, als leitender Polizist in Bad Lärchenberg arbeitet. Seine Mutter Sarah ist Englischlehrerin im örtlichen Sportgymnasium und hofft insgeheim, dass sich Sam in der Schule noch etwas mehr anstrengt, um nicht nur im Eishockey erfolgreich zu sein. Sam hat wilde blonde Locken und blaue Augen. Die vereinzelten Sommersprossen und sein spitzbübisches Lächeln machen ihn unwiderstehlich sympathisch. Sam ist selbstbewusst, spontan und unbekümmert, sodass er sich oft ohne zu überlegen in neue Abenteuer stürzt.

Lena

Lena Sander ist blitzgescheit und gilt als Denkerin der MounTeens. Gemeinsam mit ihren Freunden besucht sie die siebte Klasse in Bad Lärchenberg, wobei sie den Schulstoff eher als lästige Pflicht sieht. Viel lieber stillt sie ihren grossen Wissensdurst, indem sie in ihrer Freizeit das Internet nach allen möglichen Informationen durchsucht. Mit ihren schulterlangen roten Haaren, der frechen schwarzen Hornbrille und ihrem leicht spöttisch wirkenden Gesichtsausdruck gilt Lena als pfiffiger, kaum zu bändigender Wirbelwind. Was andere über sie denken, kümmert sie wenig. Das zeigt sich auch in ihrem ausgefallenen Kleidungsstil. Sie legt sich – zumindest mit Worten – mit jedem an und ist dabei nicht auf den Mund gefallen. Ihre Mutter, Anna Sander, ist alleinerziehend und als Tourismusdirektorin von Bad Lärchenberg zeitlich stark beansprucht, weshalb Lena viele Freiheiten geniesst.

Matteo

Matteo Bertone, kurz »Berti«, ist ausgesprochen hartnäckig – und dies nicht nur beim Fussballspielen, wenn er dem Ball nachjagt. Auch bei den MounTeens kann er sich so richtig in einen Fall verbeissen. Besonders auffallend ist Matteos positive Ausstrahlung – sein allzeit spürbarer Optimismus und die ansteckend gute Laune, welche seine Freunde Matteos italienischen Wurzeln zuschreiben. Mit seinem wachen Blick, den dunkelbraunen Augen und seiner temperamentvollen Art versprüht Matteo jedenfalls viel Charme. Als Einziger der MounTeens wohnt Matteo nicht in Bad Lärchenberg, sondern mitten im Ski- und Wandergebiet, da seine Eltern Claudio und Monica Bertone das Hotel Regina auf der Lärchenalp führen. Matteos Bruder Diego ist bereits achtzehn, was ihn aber nicht daran hindert, seinen Bruder und die MounTeens immer wieder mal tatkräftig zu unterstützen.

Amélie

Amélie Richard ist humorvoll und unkompliziert. Ihr Lachen steckt an und macht sie gepaart mit ihrer herzlichen Art zur unverzichtbaren »Seele« der MounTeens. Amélie ist sehr sportlich, was wenig verwundert, da ihr Vater Tim Richard im Winter als Skilehrer und im Sommer als Bademeister in Bad Lärchenberg arbeitet. Ihrer Mutter Lou Richard hilft sie manchmal im familieneigenen Friseurgeschäft, weshalb sie über Klatsch und Tratsch in der kleinen Bergstadt gut informiert ist. Amélie hat lange blonde Haare, blaue Augen und ist wie alle MounTeens dreizehn Jahre alt. Mit ihrer eher zurückhaltenden und bisweilen ängstlichen Art weckt sie den Beschützerinstinkt der Jungs – insbesondere jenen von Sam. Mit allen MounTeens verbindet sie eine enge Freundschaft, wobei sie sich selbst nicht sicher ist, ob der Begriff »Freundschaft« ihre Gefühle für Sam wirklich treffend beschreibt ...

Die Beerdigung

»Er ruhe in Frieden«, sagte Pfarrer Kern, und eine tiefe Trauer schien sich über die Anwesenden zu legen.

»Amen«, wisperte Amélie, bevor sich eine Träne aus ihrem Augenwinkel löste und die Wange hinunterkullerte.

Sam legte seinen Arm um sie und drückte sie an sich. »Es ist ja niemand gestorben«, versuchte er Amélie zu trösten.

»Doch«, schluchzte sie, »der Gletscher ist tot!«

Matteo schaute hoch zu den kümmerlichen Überresten des Rautalgletschers und schüttelte den Kopf. »Das ist eben der Unterschied zu einer Beerdigung von Menschen. Der Gletscher ist noch da, aber er wurde von Glaziologen für tot erklärt, weil er nicht mehr fliesst.«

Die MounTeens hatten soeben an einer Gletscherbeerdigung teilgenommen, wie sie seit einiger Zeit an verschiedenen Orten in den Alpen stattfand.

»Glaziologen [illegible] übrigens keine Glatze haben oder zu Haara[illegible]orschen«, witzelte Sam, um die Stimmung etwas auf[illegible]heitern, wobei er auf die zierliche, junge Gletscherforscherin zeigte, die kurz zuvor vehement auf die Gefahren der Erderwärmung und die Wichtigkeit der Gletscher hingewiesen hatte.

Lena kicherte und sah sich um. Neben den MounTeens, Glaziologin Kraus und Pfarrer Kern hatten etwa hundert weitere Personen die knapp dreistündige Wanderung hinauf zum Rautalgletscher auf sich genommen. Sie standen nun versammelt vor der herrlich gelegenen Rautalhütte und warteten auf einen freien Tisch, um sich hinzusetzen und etwas zu trinken. Viele von ihnen waren schwarz gekleidet, andere trugen Transparente, die auf den Klimawandel hinwiesen. Lena kannte die wenigsten Teilnehmenden. Mehrheitlich waren sie unter dreissig Jahre alt und schienen zur »Gefolgschaft« von Leon Tanner zu gehören.

»Was hältst du von ihm?«, fragte Matteo, der bemerkt hatte, dass Lenas Blick am sechzehnjährigen Anführer der Schweizer Klimabewegung hängengeblieben war.

»Er ist cool.« Lena errötete. »Also nicht, dass du jetzt denkst, ich würde auf ihn stehen oder so.«

Matteo schwieg, doch seine Mundwinkel zuckten.

»Hör auf, so dämlich zu grinsen, Berti!«, sagte Lena schnell. »Ich finde es einfach unglaublich, wie er sich für die Umwelt einsetzt und was er alles bewegt. Schau dir nur das hier an.« Sie zeigte auf die »Trauergäste«, dann wies sie mit dem Kinn in Richtung Plateau vor der Rautalhütte, wo zweihundert Meter unter dem Gletscher die symbolische halbstündige Feier stattgefunden hatte. »Da wären sonst nicht halb so viele gekommen, wenn er nicht dazu aufgerufen hätte!«

«Du hast natürlich recht.» Amélie nickte, bevor sie die Nase rümpfte. »Aber ich finde, Leon nimmt sich schon sehr wichtig und hält sich für etwas Besonderes. Der würde wohl nicht mal mit uns sprechen.«

»Er *ist* wichtig und etwas Besonderes«, konterte Lena. »Ausserdem habe ich gelesen, dass ihm in den sozialen Medien so viel Hass entgegenschlägt, dass er sich halt mittlerweile distanzierter gibt.«

Amélies Augen weiteten sich, dann gab sie Lena ein Zeichen, dass sie nicht mehr weiterreden solle.

»Was ist los?«, fragte Lena alarmiert.

»Hey, schön, dass ihr gekommen seid!«, sagte eine Stimme hinter ihr.

Lena drehte sich um und blickte ins Gesicht des freundlich lächelnden Leon Tanner. »Meinst du uns?«, stammelte sie überrascht.

»Ja, seid ihr von hier, oder kennen wir uns bereits von den Anlässen in Bern?«

»Warum Bern?«, platzte Sam heraus.

Lena verdrehte die Augen. »Du stehst auf dem Schlauch, Sam! Er meint natürlich die öffentlichen Demonstrationen und Sitzstreiks.«

Sam wurde rot. »Klar«, murmelte er kleinlaut. »Weiss ich doch.«

»Ich höre es eurem Akzent an, dass ihr von hier seid«, lachte Leon, der Sam nicht blossstellen wollte. »Und in Bern protestieren wir jeweils, um Politikerinnen und Politiker auf unsere Anliegen aufmerksam zu machen. Kommt einfach auch mal.« Leon schaute ins Tal. »Wohnt ihr in Bad Lärchenberg?« Er sog die kühle Oktoberluft ein. »Schön hier.«

»Ja«, beeilte sich Lena zu sagen, stellte sich neben Leon und genoss die Aussicht auf die idyllisch in einer Hochebene gelegene kleine Alpenstadt, die rund tausend Meter unter ihnen lag. »Ich mag vor allem den See«, schwärmte sie. »Schade, dass der Sommer bereits wieder vorbei ist.« Sie schloss den Reissverschluss ihrer Windstopper-Jacke. »Warst du schon mal hier?«

»Vor Jahren besuchte ich mit meinem Vater ein Spiel des HC Lärchenberg.« Er zeigte ins Tal. »Ist das Stadion nicht dort neben dem Thermalbad?«

»Ja, genau.« In Sams Antwort schwang Stolz mit. »Da trainiere ich drei Mal die Woche. Vielleicht schaffe ich es auch mal in die erste Mannschaft!«

Leon musterte Sam. »Du bist jedenfalls jetzt schon so gross wie ich und deutlich kräftiger.«

Amélie betrachtete den schlaksigen, bleichen Jungen, der mit seiner runden Brille und den kurzen, dunklen Haaren so ziemlich das Gegenteil von Sam darstellte. Wäre er ihr nicht aus dem Fernsehen bekannt gewesen, hätte sie sich nie im Leben nach ihm umgedreht. Leon fiel definitiv nicht durch sein Äusseres, sondern vielmehr durch seinen scharfen Verstand auf, den er in bedachten, aber eindringlichen Reden oder während Diskussionen immer wieder bewies. »Das Stadion befindet sich gleich bei der Fussgängerzone«, fuhr Sam weiter. »Nebenan siehst du die Kirche und das Kongresszentrum. Ich vermute, du bist wegen der Gletscherkonferenz hier, die ab Montag stattfindet.«

»Richtig«, bestätigte Leon. »Übermorgen geht's los. Und am Donnerstag nehme ich an der abschliessenden Gesprächsrunde teil, einer Podiumsdiskussion, wie man das nennt. Erst stand aber heute die Gletscherbeerdigung auf dem Programm. Und um siebzehn Uhr dann die Demonstration in der Fussgängerzone. Kommt ihr auch?«

»Na klar«, antwortete Matteo. »Wir haben sogar ein Plakat gemacht.«

»Und was steht da drauf?«, fragte Leon und schaute interessiert.

»Wir haben uns für ›Schluss mit den neugierigen Fragen von Berner Klimaaktivisten!‹ entschieden«, entgegnete Lena keck. »Lass dich überraschen.«

»Gerne.« Leon lachte. »Hauptsache, ihr seid dabei.«

»Ehrensache«, bekräftigte Lena und zeigte auf die gegenüberliegende Talseite. »Siehst du die Lärchenalp?«

»Du meinst die vereinzelten Häuser, wo oberhalb die vielen Skilifte und anderen Anlagen sind?«

»Ja, das ist unser Skigebiet. Es reicht hinauf bis knapp dreitausend Meter. Folge mit deinem Blick mal den Masten der Gondelbahn, die von der Lärchenalp her hochführt.«

»Mach ich.« Leon kniff die Augen zusammen. »Hat es dort oben auch noch einen Gletscher?«

»Genau den wollte ich dir zeigen. Es ist der Firstgletscher, der gleich neben der Gondelstation am Gämshorn liegt. Er ist ganz klein geworden.«

Leon schien nachzudenken. »Ich glaube, ich habe von diesem Gletscher in einer Fachzeitschrift gelesen – im Zusammenhang mit einer aufwendigen Rettungsaktion, oder nicht?«

Ein Tisch war frei geworden, und die MounTeens setzten sich schnell hin.

»Das ist eine längere Geschichte.« Lena zeigte auf den Platz neben sich. »Setz dich zu uns, wenn du sie hören möchtest.«

Leon sah auf die Uhr. »Es ist gleich zwölf. Und die Wanderung zurück dauert etwa zwei Stunden ... Das sollte also gut reichen, um zur Demo wieder unten zu sein. Schiesst los.«

»Meine Mutter ist die Tourismusdirektorin von Bad Lärchenberg«, begann Lena. »Deshalb weiss ich, dass wegen des Firstgletschers ein erbitterter Streit tobt. Die Gemeinde unterhält nämlich zusammen mit den Bergbahnen oben auf dem Gämshorn eine Gletschergrotte.«

»Ich bin froh, gibt es hier keine«, sagte die Kellnerin, die gerade an den Tisch getreten war. »Was möchtet ihr trinken?«

Erst jetzt erkannten die MounTeens, dass es Paula Roth, die Betreiberin der Rautalhütte, war.

»Hallo Paula«, antwortete Amélie erfreut, weil sie die Hüttenwartin von den Besuchen im Friseursalon ihrer Mutter kannte. »Drei Cola und zwei Wasser, bitte. Aber wie meintest du das wegen der Grotte?«

»Entschuldigt, dass ich mich eingemischt habe. Ich hatte gerade eure letzten Worte aufgeschnappt und finde halt einfach, man soll die Gletscher so lassen, wie sie sind, und sie nicht künstlich kühlen!«

»Das sehe ich genauso«, bemerke Leon. »Wir müssen die Klimaerwärmung grundsätzlich stoppen.«

Paula Roth murmelte etwas Zustimmendes und nickte eifrig, was allerdings wenig überraschte, da sie die Präsidentin der Grünen-Partei von Bad Lärchenberg war.

»Ich bin da anderer Meinung«, schaltete sich Matteo ein. »Wir brauchen diese Gletschergrotte. Viele Touristen kommen extra wegen der Attraktion auf dem Gämshorn zu uns und übernachten dann im Hotel meiner Eltern auf der Lärchenalp. Wir müssen den Gletscher deshalb dringend retten.«

Sam schüttelte den Kopf. »Mit einer zusätzlichen Kühlung können wir ihn auch nicht retten, nur länger am Leben erhalten.«

»Siehst du, Leon«, sagte Lena. »Da wären wir eben schon mitten im Streit – nicht mal wir sechs sind uns einig.«

Nachdenklich schaute Leon hinüber zum Firstgletscher auf der anderen Talseite. »Gibt es denn schon konkrete Pläne?«

Lena wiederholte, was ihre Mutter ihr erzählt hatte: »Bei der Gletschergrotte möchte man beschichtete Vliese nehmen, das sind eine Art Tücher, die das Eis vor der Sonne schützen. Weiter unten beim Skilift werden Schneekanonen installiert, die den Gletscher das ganze Jahr beschneien.«

Leon blickte angewidert. »Was für eine Wasser- und Energieverschwendung.«

»Und schon wieder sind wir uns nicht einig, Leon«, erwiderte Matteo. »Die beschneiten Pisten sichern dem Wintertourismus das Überleben, und ein Grossteil des Stroms kann mit Sonnenenergie erzeugt werden.«

»Wie weit ist denn das Projekt schon fortgeschritten?«, erkundigte sich Leon.

»Die Schneekanonen sind längst beschlossene Sache. Sie werden nächsten Frühling installiert. Und für die Vliese liegt der Gemeinde eine Offerte der einheimischen Tuchfabrik vor – es geht um mehrere hunderttausend Franken!«

Leon pfiff durch die Zähne. »So was müsste man eigentlich auch mal in einer grösseren Öffentlichkeit diskutieren ...«

»Mach das!« Paula klopfte Leon aufmunternd auf die Schultern. »Bisher scheinen wir Grünen nämlich die Einzigen zu sein, die gegen das Projekt sind. Alle anderen sehen nur das Geld der Touristen.« Sie verwarf die Hände. »Investiert wird nie der Umwelt zuliebe, sondern bloss, wenn sich die Investition für den eigenen Geldbeutel auch lohnt.« Paula schnaubte. »Wie kurzsichtig und egoistisch!«

»Ganz meine Meinung.« Leons Gesicht widerspiegelte Streitlust. »Ich werde das am Donnerstag als Beispiel verwenden.«

Paula wandte sich zum Gehen. »Entschuldigt mich, ich muss dringend arbeiten. Morgen mache ich hier bis auf den Winterraum alles dicht, die Saison ist vorbei!«

Proteste und Parolen

»Bist du bereit?« Anna Sander sah ihre Tochter lächelnd an. Lena war um halb vier erst von der Wanderung vom Rautalgletscher zurückgekehrt, hatte kurz geduscht und sich dann für die Schülerdemonstration bereitgemacht, die um fünf Uhr beim Gemeindehaus beginnen sollte.

»Es ist erst halb fünf, Mama.« Lena rollte mit den Augen. »Ich habe noch genügend Zeit!« Sie verschwand in ihrem Zimmer und tauchte mit einer Holztafel wieder auf.

»Ich bin stolz auf dich!«, sagte Lenas Mutter. »So viel Einsatz für die Umwelt und unsere Gletscher. Du erinnerst mich an meine Zeit als junge Politikerin, bevor es mich zum Tourismus zog.«

Lena war sich nicht sicher, ob sie ihrer Mutter wirklich gleichen wollte, beschloss aber, sie in diesem Glauben zu lassen, wenn es ihr Freude machte. Sie ging ins Badezimmer und betrachtete sich im Spiegel: Das wirkte genug rebellisch, fand sie. Schliesslich nahm man ja nicht jeden Tag an einer Demonstration teil. Da musste der Look schon auch stimmen!

»Es hat geklingelt!«, rief ihre Mutter aus dem Wohnzimmer.

»Das wird Amélie sein. Bin dann mal weg. Tschüss!«

Lena und Amélie näherten sich dem Stadtzentrum von Bad Lärchenberg. Auch an anderen Samstagnachmittagen war entlang der

Hauptstrasse mit den vielen kleinen Läden einiges los, aber heute schien die Innenstadt aus allen Nähten zu platzen.

»Schau dir diesen Stau an!« Lena schüttelte den Kopf. »So sieht es nicht mal aus, wenn im Winter an einem Samstag alle Skiurlauber gleichzeitig ankommen!« Sie reckte ihr Holzschild in die Höhe und schrie mit gespielt grimmigem Blick in Richtung der wartenden Autofahrer: »Rettet die Gletscher, ihr Umweltsünder!«

Amélie betrachtete ihre Freundin von der Seite. Das war unverkennbar Lena: voller Energie, frech und bunt wie ein Paradiesvogel! Wer sonst würde eine kurze Jeans-Latzhose mit einem gelben T-Shirt und einer knallgrünen Jacke kombinieren? Dazu steckten Lenas Beine in rot-weiss gestreiften Strumpfhosen und halbhohen Lederboots. Amélie fühlte sich in Lenas Gegenwart geradezu spiessig, wenn sie an ihren eigenen Look dachte. Gut, dass Sam den »normalen« Stil zu mögen schien. Nur seinetwegen hatte sie nämlich die enge schwarze Jeans und den weissen Pullover angezogen, den er so mochte. Zumindest hatte er das mal gesagt. Sie vermutete ja, dass ihm alles Figurbetonte gefiel, aber das war wohl eher eine Unterstellung. Schliesslich fand sie selbst, dass sie so besser aussah als in unförmigen Hoodies. Lena hielt Amélie ihre Handfläche mit einer Scheibenwischerbewegung vors Gesicht. »Träumst du von Sam, oder was? Ich spreche mit dir.«

Erwischt, dachte Amélie und lief rot an.

»Nein«, log sie. »Ich habe darüber nachgedacht, dass wir MounTeens seit dem Sommer keinen Fall mehr zu lösen hatten.«

»Ärgert mich auch, dass nichts läuft«, stimmte ihr Lena zu. »Aber heute ist was los hier!« Sie zeigte aufgeregt auf eine Ansammlung von etwa fünfzig Schülerinnen und Schülern, die vor dem Gemeindehaus mit eingehakten Armen auf der Hauptstrasse herumhüpften und irgendetwas schrien. Ein Polizist versuchte vergeblich, sie von der Strasse in Richtung Fussgängerzone zu weisen. »Nun ist klar, warum sich der Verkehr so zurückstaut.« Lena lachte. »Ich will da auch mitmachen.«

»Sam sagte aber, die Demo sei nur in der Fussgängerzone, vom Gemeindehaus bis hoch zum Bahnhof, erlaubt worden«, wandte Amélie ein. Sie schaute nervös zur pöbelnden Meute auf der Strasse.

»Sams Vater ist ja auch bei der Polizei, aber die ist heute für einmal nicht unser Freund«, scherzte Lena übermütig.

Amélie zuckte zusammen, als der Polizist heftig in seine Trillerpfeife blies. Zwei weitere Uniformierte tauchten beim Gemeindehaus auf, worauf sie es schafften, die Jugendlichen zum Weiterziehen zu bewegen und den Verkehr wieder rollen zu lassen.

Nachdem Lena und Amélie kurz darauf in die Fussgängerzone eingebogen waren, blieben sie mit offenem Mund stehen.

»So viele Menschen hätte ich nicht erwartet. Das sind sicher fünfhundert. Wow!« Unter den wartenden Demonstrierenden entdeckte Lena auch zahlreiche bekannte Gesichter aus ihrer Schule. Sie zeigte zum Brunnen. »Dort drüben sind Matteo und Sam. Lass uns hingehen!«

Wenig später standen die MounTeens neben Leon, der sie zu sich gewinkt hatte.

»Es sind mehr Leute, als ich gedacht habe. Toll, dass ihr auch hier seid!« Leon wirkte aufgeregt. »Sagt mal, kennt ihr die Gruppe, die vorher auf der Strasse herumgehüpft ist? Sind die aus Bad Lärchenberg?«

»Zum Teil ja«, antwortete Lena, »warum fragst du?«

»Ich trage auch ein wenig Verantwortung für das Ganze hier, wisst ihr.« Leon seufzte. »Und Chaoten mag ich nicht.« Er schaute die MounTeens an und sah plötzlich müde aus. »Aber wenn das keine stadtbekannten Schläger oder Krawallmacher sind, wird schon alles gut kommen ...« Er zuckte resigniert mit den Schultern, als ob er sagen wollte, dass er sowieso nichts ausrichten könnte, falls die Stimmung kippen würde. »Lasst uns also besser losmarschieren, bevor sie auf weitere dumme Gedanken kommen.«

»Er ist schon mächtig unter Druck, nicht?«, bemerkte Amélie mitfühlend, als Leon ausser Hörweite war. »Alle erwarten etwas von ihm.« Sie zeigte auf Gemeindepräsident Geiger, der sorgenvoll aus dem Fenster des Gemeindehauses blickte. »Er zum Beispiel will, dass Bad Lärchenberg nicht in negativem Licht in der Presse erscheint.« Amélies Blick schweifte hinüber zum Kongresszentrum. »Dort drüben steht Walter Wirz, der Leiter des Kongresszentrums. Er wiederum ist wahrscheinlich froh, wenn die Gletscherkonferenz von nächstem Montag noch mehr Aufmerksamkeit erhält.«

»Allerdings sieht es eher so aus, als würde er die grossen Glasscheiben beim Eingang schützen, so wie der dort steht!«, entgegnete Matteo.

»Stimmt«, pflichtete ihm Amélie bei. »Genau das ist auch das Ziel der Ladenbesitzer hier entlang der Fussgängerzone: bloss keinen Ärger und keine fliegenden Steine!« Sie zeigte auf die herumstehenden Polizisten. »Und zum Schluss noch die Polizei, die von Leon erwartet, dass die bewilligte Demonstration so abläuft wie geplant.«

»Ich möchte nicht in seiner Haut stecken«, murmelte Sam.

»Leute, schaut mal, da ist ja Dali!«, rief Amélie, und ihr Gesicht hellte sich schlagartig auf. Dali war ein Spürhund der Lärchenberger Polizei, den Sams Vater immer dann hütete, wenn Hundeführer Stefan Wagner hundelos im Urlaub weilte. Der drollige französische Wasserhund oder Barbet, wie man die Rasse ebenfalls nannte, hatte den MounTeens auch schon bei geheimen Ermittlungen geholfen – natürlich ohne dass Sams Vater davon wusste.

»Hallo Stefan«, rief Sam dem Polizisten zu, der freundlich zurückwinkte, während Dali aufgeregt mit dem Schwanz wedelte und voller Freude zu den MounTeens rennen wollte, bevor er von der Leine zurückgehalten wurde.

»Wir kommen zu dir, Dali!«, rief Amélie fröhlich und eilte zu den drei Polizisten, die alle mit Hund im Einsatz waren.

»Mein lieber Dali«. Amélie kraulte sein weisses Fell. »Wen willst denn *du* erschrecken? Bist doch so ein hübscher, lustiger Kerl!«

Polizist Wagner lachte. »Das ist richtig.« Er zeigte auf die Schäferhunde seiner zwei Kollegen. »Dali gehört nicht zur Truppe, die Angst machen soll, wie du es nennst, sondern glänzt durch seine Spürnase, die wir heute eher nicht brauchen werden.« Er wurde ernst. »Aber bei einem Grosseinsatz wie diesem sind einfach alle auf den Beinen.« Wagner wandte sich an Sam. »Wusstest du übrigens, dass Dali nächste Woche wieder mal bei euch ist?« Er stöhnte theatralisch. »Ich bin nach all dem hier definitiv ferienreif.«

Der Demonstrationszug hatte sich in Bewegung gesetzt. Leon Tanner schritt vorneweg, hielt sich von Zeit zu Zeit sein Megafon vor den Mund und gab Parolen vor, welche die Demonstrierenden im Chor nachriefen.

»Denkt an die nächste Generation!«

»Stoppt den Klimawandel!«

»Rettet die Gletscher!«

Die MounTeens gingen gleich hinter Leon. Lena hielt ihr Schild hoch, auf welchem »Gemeinsam gegen die globale Erderwärmung« stand. Viele Demonstrierende hatten sich als Zeichen der Solidarität an den Händen gefasst.

Sam zögerte keinen Augenblick, ergatterte sich den Platz neben Amélie und ergriff ihre Hand.

Sie errötete, sah sich peinlich berührt um und realisierte erst jetzt, dass sich auch alle anderen an den Händen hielten.

WIR HABEN
GEMEINSAM GEGEN
DIE GLOBALE
ERDERWÄRMUNG!
STOP

Nun, dann fiel es ja wenigstens nicht auf! Sie lächelte Sam an und erhöhte für einen kurzen Moment den Druck ihrer Finger.

Sam durchlief es heiss und kalt. Was wollte ihm Amélie damit signalisieren? Er schluckte leer und zwang sich ruhig zu atmen, aber das Herz schlug ihm bis zum Hals. Er hoffte inständig, dass sie ihm die Aufregung nicht anmerkte. Ohne sie anzuschauen, schritt Sam wortlos weiter, wobei sich seine Gedanken immer weniger um den Klimawandel drehten. Er versuchte, sich wieder auf Leons Parolen zu konzentrieren, schaffte es aber nicht. Stattdessen dachte er an eine Zukunft, in welcher er mit Amélie Hand in Hand durch eine Bergwiese spazierte, sie zu sich heranzog und zärtlich kü...

»Kümmert euch um die Umwelt!«, rief Amélie gleich neben ihm! »Sam, warum machst du nicht mehr mit? Träumst du?«

»Ich komme gerade zurück aus der Zukunft, ja«, sagte Sam geheimnisvoll.

»Und gibt es dort noch Gletscher?«, fragte Amélie augenzwinkernd. »Oder ist alles Eis geschmolzen?«

Wenn du wüsstest, dachte Sam. Erst dann sah er in Amélies herausforderndem Blick, dass sie ihre Worte mit Bedacht so vieldeutig gewählt hatte und sie sehr wohl wusste ...

Bisher war alles friedlich verlaufen – ganz so, wie sich Leon die Demonstration gewünscht hatte, dachte Lena. Ziel war ja nur, auf das Problem des Klimawandels aufmerksam zu machen und

Jugendliche zu mobilisieren, damit diese sich für das Thema verantwortlich fühlten. Lena wusste aber, dass es andernorts auch öfters zu Auseinandersetzungen mit der Polizei gekommen war, was Leon aufs Schärfste verurteilte. Sie stellte sich vor, wie Wachtmeister Winter seinen eigenen Sohn verhaften würde, und musste unweigerlich grinsen. Mittlerweile hatten sie das Kongresszentrum und die Kirche hinter sich gelassen und näherten sich dem Bahnhof, wo die Aktion enden sollte. Lena gestand sich ein, dass es sich seltsam gut anfühlte, in einer anonymen Menge Dinge zu rufen. Es verlieh einem selbst Stärke und demonstrierte Macht nach aussen. Dabei gehörte sie doch sonst zu jenen, die eher gegen den Strom schwammen und stolz zu ihrer eigenen Meinung standen. Aber das hier war ja ihre Meinung, oder?

Leon gab eine weitere Parole vor.

Die Menge wiederholte sie.

Plötzlich wusste Lena, was sie störte. Sie würde nicht mehr wie ein Schaf mitblöken! Sie konnte selbst überlegen.

Als Leon das nächste Mal zum Megafon griff und den Leitsatz »Lasst auch unsere Kinder noch Gletscher sehen!« vorgab, wartete sie einige Sekunden und rief schliesslich als Einzige etwas ganz anderes.

Leon drehte sich irritiert um, während Sam, Amélie und Matteo nur lachend mit den Schultern zuckten. Das war eben typisch Lena!

Ein hinterhältiger Angriff

»In welchem Zimmer finden wir Leon Tanner, bitte?«

Der Hotelangestellte an der Rezeption sah die MounTeens prüfend an und wartete mit der Antwort.

»Wir wurden von ihm persönlich eingeladen«, beeilte sich Lena zu ergänzen.

»Herr Tanner wollte eigentlich nicht gestört werden, sagte er mir.« Der Mann hinter dem Tresen wägte ab, dann wurde er freundlicher. »Aber für jugendliche Besucher gilt wohl etwas anderes als für die Presse.« Er zwinkerte den MounTeens zu.

»Wir wollen ihn ja nicht interviewen oder belästigen«, bekräftigte Lena. »Wir sind Freunde.«

»Hast du nicht etwas dick aufgetragen, Lena?«, fragte Matteo, als die MounTeens im Hotelaufzug standen und sich die Tür leise schloss. »Wir kennen Leon erst seit heute.«

»Der hätte uns sonst keine Auskunft gegeben, glaube ich.« Lena schaute auf ihre Uhr. »Schliesslich ist ja auch bereits acht. Je später es wird, desto kritischer werden Besucher wohl betrachtet.«

»Du hast recht. Nett, dass Leon uns nach der Demonstration gefragt hat, ob wir ihm noch etwas die Zeit vertreiben am Samstagabend.«

»Warum aber im Hotelzimmer?«, stöhnte Sam. »Ist doch langweilig.«

Amélie verdrehte die Augen. »Hast du gesehen, dass ihn immer alle beobachten und wie ihn Fotografen und Selfie-Knipser die ganze Zeit belagern? Ich verstehe nur zu gut, dass er darauf am Abend einfach keine Lust mehr hat.«

»Auch wieder wahr«, gab Sam zu und trat auf den Hotelflur in der zweiten Etage. »Wo ist Zimmer 203?«

Wenig später hatten sie an Leons Tür geklopft und hörten schlurfende Schritte, bevor ihnen ein sichtlich aufgewühlter Leon öffnete.

»Ach, ihr seid es. Das hätte ich in der ganzen Aufregung fast vergessen.« Er trat zur Seite und bat sie mit einer müden Handbewegung herein.

Wie hatte er das vergessen können, wunderte sich Matteo. Schliesslich waren sie vor etwas mehr als einer Stunde noch zusammen beim Bahnhof gewesen, wo sie ihm einen Weg durch den Stadtpark beschrieben hatten. Er sollte abseits der Menschenmenge ungesehen zum Hotel gelangen, damit er nicht noch fünfhundert Hände schütteln musste.

»Um Himmels willen!« Amélie schlug die Hände vors Gesicht. »Wie siehst *du* denn aus?«

Leon hatte zwei blutige Kratzer auf der Stirn. Zudem war seine linke Wange aufgeschürft.

»Wie man halt nach einem Kampf so aussieht«, bemerkte Leon bitter.

»Was für ein Kampf?« Den MounTeens stand der Schreck ins Gesicht geschrieben.

Leon zeigte nur resigniert auf seine Schürfungen.

»Das ist nicht wahr, oder?« Die MounTeens sprachen alle durcheinander. »Wer war das? Wo ist das passiert? Bist du geschlagen worden? Wie viele ...?«

»Es geschah im Stadtpark«, unterbrach sie Leon, der um seine Fassung rang. »Euer vorgeschlagener Weg war ein bisschen zu einsam.« Leon versuchte ein Grinsen, scheiterte aber kläglich.

So etwas nannte man Galgenhumor, wusste Lena, doch sie sagte nichts. Und lachen mochte sowieso niemand.

»Im Stadtpark bin ich, wie ihr es mir gesagt habt, beim Brunnen auf den kleinen Weg eingebogen, der zwischen den Bäumen hindurch zum Hotel führt, als ich plötzlich Schritte hinter mir hörte.« Leon war bleich geworden. Seine Worte glichen zunehmend einem Flüstern.

Er stand unter Schock, dachte Lena.

»Dann ging es schnell. Ich drehte meinen Kopf, sah einen maskierten Mann hinter mir, und schon hatte er mich mit aller Kraft in den Rücken gestossen. Ich war überhaupt nicht darauf vorbereitet, sodass ich die Arme nicht mehr rechtzeitig hochreissen konnte und ziemlich hart auf dem Boden aufschlug.« Leon berührte vorsichtig seine aufgeschürfte Wange, dann zeigte er auf seine Brille, die auf dem Tisch lag. »Die ist dabei auch zu Bruch gegangen.«

»War es ein Überfall? Wollte er Geld?« Sam hatte in den Ermittlungsmodus gewechselt und klang dann jeweils wie sein Vater.

Leons Lachen wirkte hysterisch. »Nein, es ging nur darum, mich zu verletzen. Er wollte mich ganz offensichtlich einschüchtern!«

»Hat er etwas gesagt?«, fragte Sam weiter. »Hatte er einen Akzent? War er allein?«

Amélie legte Sam die Hand auf den Arm, um ihn zu stoppen. »Lass ihn weiterreden. Eins nach dem andern.«

»Er sprach ohne Akzent. Ich denke, er ist von hier. Und ja, er war allein.«

»Und was hat er gesagt?«, hakte Sam noch einmal nach.

»Ich erinnere mich nicht mehr an alles. War wohl zu sehr damit beschäftigt, schnell hochzukommen und mich auf den nächsten Schlag vorzubereiten. Er schlug aber nicht mehr. Stattdessen schrie er, ich solle nie wieder durch seinen Stadtpark gehen, weil ich es sonst bereuen würde. Ausserdem drohte er mir, dass ich nirgends mehr sicher vor ihm sei, wenn ich an der Konferenz etwas Falsches sage!«

»An deiner Stelle würde ich zur Polizei gehen«, riet Amélie.

»Nein, ich will nicht noch mehr Schlagzeilen. Mir reicht es auch so schon.« Leon sass auf dem Hotelbett wie ein Häufchen Elend.

»Dann ist es ein Fall für die MounTeens!« Sam schlug mit der Faust in seine Handfläche.

»MounTeens ...?« Leon blickte sie verständnislos an.

Kurz darauf wusste Leon Bescheid. Er schien von den gelösten Fällen durchaus beeindruckt zu sein. Allerdings winkte er dennoch ab, als Sam wiederholte, dass sich die MounTeens nun um den maskierten Angreifer kümmern wollten.

»Lieber nicht. Ich möchte euch da nicht mit hineinziehen.« Mittlerweile war wieder ein wenig Farbe in Leons Gesicht zurückgekehrt. »Ich werde den Angriff einfach vergessen und nicht mehr durch den Stadtpark gehen. Der Typ ist vielleicht nur ein Spinner.«

»Das hingegen glaube ich nicht«, widersprach Lena. »Die Drohung, dass du an der Konferenz nichts Falsches sagen sollst, klingt nicht nach einem Spinner. Das ist kein rauflustiger Schläger, der einfach seinen Park verteidigt.«

»Ich sehe es genau wie Lena«, doppelte Sam nach. Er hatte nicht vor, den Fall so schnell aus der Hand zu geben. »Wir kennen in Bad Lärchenberg ziemlich viele Leute. Wir könnten ihm auf die Spur kommen, wenn du uns ein paar Fragen beantwortest.«

Leon murrte, fügte sich dann aber. »Also gut, schiesst los!«

»Kam dir der Angreifer bekannt vor?«, begann Matteo.

»Nein, ich bin ziemlich sicher, dass ich ihn nicht kenne.«

»Hast du trotz der Maskierung irgendetwas erkennen können?«, fuhr Amélie weiter.

»Vom Gesicht sah ich gar nichts. Er trug eine Schirmmütze und ein umgebundenes schwarzes Tuch. Die Kleidung wirkte eher wie die eines jüngeren Mannes. Er hatte blaue Jeans und einen schwarzen Kapuzenpullover – ganz so, wie man sich einen Hooligan vorstellt.«

»Wenn du auf ein Alter tippen müsstest, welches würdest du nehmen?«, bohrte Lena nach.

»Vielleicht zwanzig.«

»Körperliche Merkmale?«, fragte Sam knapp und wirkte dabei wie ein routinierter Polizist.

»Gross, etwa ein Meter neunzig, eher schlank – das ist schwierig zu sagen – und definitiv muskulös.«

»Wo ist er nachher hingegangen?«, schaltete sich Matteo wieder ein.

»Ich bin davongestolpert, als er nochmals drohend zu einem Schlag ausholte. Ich glaube, er ist dort stehengeblieben. Es war mir jedenfalls egal, wo er hinging. Ich wollte einfach weg.«

»Hätte ich auch so gemacht.« Amélie legte ihre Hand auf Leons Schulter, was Sam mit einem Stirnrunzeln taxierte.

Elende Eifersucht, dachte er. Dabei war sie hier tatsächlich grundlos, weil Amélie Leon doch bloss ihr Verständnis und Mitgefühl signalisieren wollte. Er gab sich einen Ruck und war wieder ganz der Ermittler.

»Es geht also um die Gletscherkonferenz ...« Sam biss auf seine Unterlippe, dann begann er, eine der blonden Locken um seinen Finger zu drehen – beides untrügliche Zeichen für scharfes Nachdenken, wie die anderen MounTeens wussten. Am besten schwieg man in dieser Phase einfach.

Amélie betrachtete Sam. Sie liebte es, wenn er so konzentriert und gleichzeitig ganz abwesend war.

»Wann sprichst du dort, Leon?«, fragte Sam schliesslich. »Gleich am Montag?«.

»Von Montag bis Mittwoch nehme ich bloss als Zuhörer bei verschiedenen Anlässen teil.« Leon trat ans Hotelfenster und sah über die Bäume des Stadtparks zum Kongresszentrum hinüber, dessen dunkle Silhouette nun plötzlich bedrohlich wirkte. »Am Donnerstag bin ich dann auf dem Podium, um mitzudiskutieren.«

»Was willst du dort sagen?« Lena war zu Leon getreten. Auf Bad Lärchenberg hatte sich eine sternenklare Oktobernacht gelegt.

»Ich werde betonen, dass wir Jungen von den Erwachsenen erwarten, dass sie verantwortungsvoll handeln und wirtschaftliche Interessen auch mal zu Gunsten der Umwelt zurückstellen.«

»Und was ist daran so gefährlich?« Sam rieb sich nachdenklich das Kinn. »Wovor fürchtet sich der Angreifer wohl, dass er dir drohte, nichts Falsches zu ...?«

»Wartet, nun fällt mir wieder etwas ein«, unterbrach ihn Leon. »Er meinte, ich solle ja nichts von den Büchern sagen, oder so ähnlich.«

»Von welchen Büchern?«

»Keine Ahnung. Ich lese viel.«

Eisiger Sonntagmorgen

»Kommst du?« Amélie presste ihr Ohr an die Gegensprechanlage, aus der bisher nur ein Knacken zu hören gewesen war. Sie hatte sich mit Lena um neun Uhr verabredet, um gemeinsam mit ihr Sams Eishockey-Spiel zu besuchen. »Ja, bin gleich unten ...«, hörte sie Lena undeutlich sagen, bevor ein Rauschen die restlichen Worte verschluckte.

Amélie fröstelte. Sie zog die Wollmütze tiefer und schlang die Arme um sich selbst. Der Sonntagmorgen im Tal, wo man bis zehn Uhr vergeblich auf die ersten Sonnenstrahlen wartete, fühlte sich an wie auf dem Grund einer Kühltruhe. Kalte Luft sank ja bekanntlich, erinnerte sich Amélie an eine Lerneinheit in Physik.

»Frierst du?«, fragte Lena, als sie aus der Haustür des Mehrfamilienhauses trat, wo sie und ihre Mutter wohnten.

»Nein, ich umarme mich selbst, weil es sonst niemand tut.«

Lena lachte, umarmte ihre Freundin, rieb ihr den Rücken und küsste sie auf die Wange. »Dann mache ich das. Sam kann ja gerade nicht ...«

Amélie schnappte nach Luft.

»Jetzt fängst du auch noch an.« Mit gespielter Entrüstung stiess sie Lena weg. »Mir reicht es schon, dass meine Mutter mich ständig mit solchen Anspielungen nervt.«

»Ist ja auch offensichtlich, aber lass uns über etwas anderes sprechen.«

»Hast du dich in Leon verguckt?«, neckte nun Amélie.

»Bestimmt nicht.« Lena kicherte. »Dennoch habe ich seinetwegen tatsächlich wenig geschlafen.« Sie wurde ernst. »Ich habe über unser Gespräch gestern Abend und den neuen Fall nachgedacht.«

»Und?« Amélie wusste genau, dass Lena auch zu einem Ergebnis gekommen sein musste.

Sie schlugen den Weg in Richtung Eishalle ein.

»Nun, ich bin immer wieder darüber gestolpert, dass der Angreifer gesagt hat, Leon solle sich in *seinem* Park nicht mehr blicken lassen. Das ist sein wunder Punkt.«

»Ich verstehe nur Bahnhof«, gab Amélie zu.

»Hätte er ihm bloss gedroht, an der Konferenz nichts Falsches zu sagen, würde ich ihn einfach für irgendeinen andersdenkenden Gegner in der Klimadebatte halten, zum Beispiel für jemanden, der leugnet, dass die Temperaturen weltweit steigen.«

»Ich versteh noch immer nicht. Das kann ja trotzdem so sein.«

»Selbstverständlich, aber die Aussage macht ihn zu einem Einheimischen, der offenbar sehr gerne im Stadtpark ist, sich irgendwie auch aufspielen will und bestimmt mächtig provoziert wäre, wenn Leon wieder da auftauchen würde.« Lena sah Amélie herausfordernd an. »Siehst du, worauf das hinausläuft?«

Amélie dachte kurz über Lenas Schlussfolgerungen nach, und ihr dämmerte, was ihre Freundin vorhaben musste. »Du willst Leon nochmals in den Stadtpark schicken, um den Täter zu provozieren?«, fragte sie mit hörbarer Abneigung in der Stimme.

»Nein, nicht Leon.« Lena zwinkerte Amélie zu. »Ich habe da eine viel bessere Idee ...«

Es knallte, als Sam seinen Gegner hart in die Bande checkte. Amélie zuckte zusammen. So sehr sie Sams muskulösen Körper mochte, so wenig hielt sie davon, wenn er diesen so aggressiv einsetzte. Manchmal wünschte sie sich, Sam wäre Langläufer. Sie zog den nachdenklichen oder verlegenen Sam dem draufgängerischen und wild entschlossenen definitiv vor.

Durch die Plexiglasscheibe warf sie Sam einen missbilligenden Blick zu, den er aber mitten im Spielgeschehen nicht wahrnahm.

»Grossartig, Sam!«, schrie Lena und klatschte. »Genau so!«

Mit ihrer Meinung schien sie nicht allein zu sein. Im weiten Rund des Stadions hatten sich ungefähr hundert Zuschauer versammelt, um die U17-Mannschaft des HC Lärchenberg anzufeuern. Dass Sam als Dreizehnjähriger schon bei den drei Jahre älteren Jungs mitspielte, sagte viel über sein Talent aus. Wenn er dann auch noch einen solchen Check anbringen konnte, war das Publikum besonders angetan. Unter den Applaudierenden entdeckte Lena auch Sams Vater, der für einmal ausser Dienst war.

»Meinst du, Sam hat ihn eingeweiht?« Sie deutete mit ihrem Kinn Richtung Jan Winter.

»Wegen Leon? Nein, das glaube ich nicht. Sein Vater würde ihm sonst die Ermittlungsarbeit sicher verbieten.« Sie schaute auf die Uhr. »Wo bleibt überhaupt Berti?«

»Der ist gestern Abend nach unserem Hotelbesuch erst mit der letzten Gondel zur Lärchenalp hochgefahren. Würde mich nicht wundern, wenn die Eltern ihn nicht schon wieder so früh haben gehen lassen.«

Amélie schaltete ihr Handy ein. »Nein. Er hat mir soeben geschrieben. Verschlafen. Typisch!«

Ein Raunen ging durch die Menge.

Lena und Amélie konzentrierten sich wieder aufs Spielfeld. Der Flügel des HC Lärchenberg hatte sich auf der rechten Seite schön durchgesetzt. Er sah, dass sich Sam vor dem Tor positioniert hatte, und spielte einen zentimetergenauen Pass auf dessen Stock. Ohne zu zögern, zog Sam ab. Der Puck zischte über die Fanghand des Torhüters und landete unhaltbar in den Maschen.

»Jaaaaaaa!«, schrien Lena und Amélie und rissen die Arme in die Höhe.

»Fünfzigste Minute. Tor durch die Nummer 21 Winter, auf Pass von Nummer 13 Seiler«, hörten sie die gewohnt monotone Stimme des Speakers durch die Stadionlautsprecher sagen.

»Das ist Sams zehntes Tor diese Saison«, stellte Amélie so stolz fest, als hätte sie alle selbst erzielt.

»Den hat aber Nevin auch schön aufgelegt«, erwiderte Lena, um den Passgeber gebührend zu würdigen und Amélies Schwärmen ein wenig zu bremsen. »Es braucht ja nicht nur denjenigen, der vor dem Tor steht.« Lena hasste nichts mehr als Starkult rund um Einzelspieler in Mannschaftssportarten. Am schlimmsten fand sie Fussballer, die zu Mode- und Stil-Ikonen wurden und jede Woche neue Haarschnitte präsentieren mussten. Wenn Matteo von seinen Fussballvorbildern erzählte, legte sie sich dann jeweils gerne mit ihm an.

Auf dem Weg zur Auswechselbank, wo die Mannschaft zum Abklatschen stand, fuhr Sam ganz nah an der Plexiglasscheibe vorbei und zwinkerte Amélie zu.

Sie hob den Daumen. Eine eher unterkühlte Geste, dachte sie, aber eine Kusshand wäre wohl doch etwas zu viel gewesen.

Die letzten zwei Spielminuten des dritten Drittels waren angebrochen. Der HC Lärchenberg führte mit sechs zu fünf. Amélie biss auf ihre Unterlippe, während Lena am Nagel ihres rechten Zeigefingers kaute. Die Sekunden wollten einfach nicht verstreichen, und die gegnerische Mannschaft drückte vehement auf den Ausgleich.

»Ich halte das kaum aus«, sagte Amélie, bevor sie die Augen schloss und tief durchatmete. Dann ballte sie ihre Hände zu Fäusten und umschloss ihre Daumen, um das Glück auf die Seite des HC Lärchenberg zu zwingen. »Auf geht's, Jungs!«

»Habe ich etwas verpasst?«, fragte eine Stimme hinter ihr. »Entschuldigt die kleine Verspätung!«

Amélie drehte sich um und blickte in Matteos fröhliches Gesicht. »Kleine Verspätung? Du bist gut, Berti!« Sie sah ihn mit gespielter Missbilligung an. »Du hast das ganze Spiel verschlafen!«

»Übertreib nicht. Ich bin schon lange wach«, verteidigte sich Matteo. »Du vergisst, dass ich auch noch für zwei Tage packen und mit der Gondel hinunterfahren musste.«

»Ist ja gut.« Lena grinste. »Es ist jedenfalls praktisch, dass du heute Abend bei Sam übernachten darfst ...«

»Wie meinst du das?« Matteo hob eine Augenbraue. »Warum soll das praktisch sein?«

»Nun, erstens sind ja Herbstferien. Da ist es natürlich cool, wenn wir MounTeens am Abend etwas länger zusammen sein können. Zweitens müssen wir so am Morgen nicht auf Detektive warten, die verschlafen haben.« Sie beobachtete vergnügt, wie Matteo bei dieser Bemerkung mit den Augen rollte. »Und drittens habe ich einen Auftrag für dich heute Abend.«

Matteo starrte Lena mit offenem Mund an. »Du hast ... was?«

»Seit wann erteilst du Matteo denn Aufträge?« Amélie schien genauso verblüfft zu sein.

Matteos Gesichtsausdruck schwankte zwischen Unverständnis, Ärger und Belustigung. Schliesslich siegte aber seine Neugier. »Worum geht es denn?«, fragte er interessiert.

Das zeichnete Matteo aus, dachte Amélie. Er war der loyalste und positivste Mensch, den sie kannte. Lange eingeschnappt oder verärgert zu sein, lag ihm nicht, und für seine Familie und Freunde ging er jederzeit durchs Feuer.

Die Schlusssirene ertönte. Der HC Lärchenberg hatte sechs zu fünf gewonnen!

Lena klatschte den siegreichen Spielern auf der Ehrenrunde zu, bevor sie Matteo eindringlich anschaute. »Es geht um einen etwas verrückten Plan. Willst du ihn hören?«

Matteo schlug die Hacken wie ein Soldat zusammen und salutierte, indem er mit den Fingerspitzen der rechten Hand an seine Schläfe tippte. »Ich bin ganz Ohr, Boss!«

Lockvogel in Gefahr

Was für ein doofer Plan, dachte Matteo. Seit einer halben Stunde spazierte er nun durch den Stadtpark. Als Lockvogel! Er hasste nur schon das Wort. Wie hatte Lena bloss auf diese hirnverbrannte Idee kommen können! Er warf einen Blick aufs Display seines Handys. Acht Uhr abends. Wie lange sollte er das hier noch durchziehen? Er schüttelte den Kopf, zog den Reissverschluss der Daunenjacke ein wenig höher und machte sich auf zur nächsten Runde.

Als er beim Kongresshaus den dunkleren Teil des Stadtparks verliess und unter einigen Laternen durchging, zog er die Schirmmütze noch tiefer ins Gesicht. Niemand sollte ihn schliesslich als Matteo erkennen. Er musste aussehen wie Leon. Lächerlich. Darauf fiel doch der gestrige Angreifer nicht herein! Und wer sagte Lena, dass dieser Angreifer wirklich so blöd war und den Stadtpark für sein persönliches Hoheitsgebiet hielt? Matteo ging bewusst langsam. Gemäss Plan sollte der Unbekannte ja hier vorne am Eingang des Parks auf ihn aufmerksam werden und ihm dann in den weniger beleuchteten hinteren Teil folgen, wo gestern Leon umgestossen wurde. Matteo griff in die Manteltasche, um sich einen der kabellosen Kopfhörer ins Ohr zu stecken. Er fischte sein Handy hervor und rief Sam an.

»Hier Adler«, witzelte Sam am anderen Ende der Leitung. »Was ist los, Maulwurf?«

»Hör auf mit diesem Agentenquatsch! Mir ist nicht zum Scherzen zumute.«

Sam sass zusammen mit Leon, Amélie und Lena am Fenster des Hotelzimmers. Sie blickten gebannt auf den Stadtpark hinunter, konnten wegen der dichtstehenden Bäume und der Dunkelheit aber kaum etwas erkennen. Matteo sahen sie nur an einem einzigen Punkt des Parks, wenn er unter einer der wenigen Laternen hindurchging. Sofern sie richtig gezählt hatten, befand er sich nun auf der dritten Runde.

»Was gibt's, Agent unter null?«, fragte Sam, der sich den Spruch nicht verkneifen konnte.

Amélie schaute ihn strafend an, während Lena kicherte und Leon regungslos weiter aus dem Fenster starrte.

»Du Idiot«, entgegnete Matteo. »Komm doch *du* hier herunter und zieh dir Leons Klamotten an.«

»Das hatten wir bereits, Berti«, stöhnte Sam, wurde aber wieder ernst. »Statur, Haarfarbe, Gesichtsform ... in allem ähnelst du Leon viel mehr. Und mit Brille und Kappe im dunklen Park bist du nicht von ihm zu unterscheiden.«

»Immer bin ich der Dumme.«

Sam grinste. »Einer muss es ja sein.«

»Mir ist kalt ... und langweilig!«

»Noch eine Runde, okay? Der Angreifer muss ja die Gelegenheit erhalten, dich zu sehen.«

»Es ist niemand in diesem Park, Mann!«

Sam ging nicht auf Matteos Jammern ein. »Denk daran, dass du vorsichtig bleibst. Du sollst ja nicht niedergeschlagen werden, sondern nur den Angreifer anlocken und hoffentlich erkennen.«

»Schön wär's, du Scherzkeks«, meckerte Matteo. »Ich sehe an gewissen Orten im Park ja kaum meine Hand vor Augen.«

»Matteo ...!«, sagte Sam alarmiert, aber sein Freund hatte bereits aufgelegt. »Du bist nicht mehr allein im Park.« Sam nahm sein Handy vom Ohr und wandte sich an die anderen. »Er hat meine Warnung nicht mehr gehört. Habt ihr das auch gesehen?«

»Was denn?«, fragte Lena besorgt.

»Bei der Laterne ist jemand durchgegangen. Viel konnte ich nicht erkennen.«

»Aber es war nicht Matteo«, schlussfolgerte Leon, »denn der befindet sich weiter vorne in der Nähe des Kongresshauses.«

»Ruf ihn an, Sam. Er soll vorsichtig sein.« Amélie trat von einem Bein aufs andere, während Sam bereits auf das Display seines Handys tippte.

Sie hörten das Freizeichen, dann ein erstes Tuten.

Lena nahm ihre Brille ab und begann sie mit dem Ärmel zu putzen – ein untrügliches Zeichen von Anspannung.

Es tutete zum vierten Mal. Die Spannung im Raum stieg.

»Mach schon, Matteo!«

Sam schlug mit der Faust gegen die Scheibe. »Mist, er geht nicht ran!«

Matteo hatte Kopfhörer und Handy in seine Daunenjacke g stopft. Dass sein stummgeschaltetes Mobilgerät vibrierte, spü er nicht. Er schlenderte wieder in den dunkleren Teil des Sta parks. Das war nun aber definitiv die letzte Runde! Matteo dacl an seine Freunde, die im warmen Hotelzimmer sassen. Er ha die Schnauze gestrichen voll davon, sinnlos durch die Nach a spazieren. Vor allem bei dieser elenden Kälte.

Matteo fröstelte. Irgendetwas fühlte sich anders an als ie Viertelstunde zuvor, als er beim letzten Mal hier vorbeige n-men war. Aber was nur?

Er drehte sich um.

Da war niemand.

Dennoch fühlte er sich plötzlich unwohl. Es war, als de er einen Blick in seinem Rücken spüren. Matteo atmete t durch, vertrieb so die leise aufgekommene Furcht und ging ter. Das Gefühl, dass ihn jemand beobachtete, verschwand r nicht.

Matteo hörte Kies knirschen. War es bloss je unter seinen eigenen Füssen gewesen? Sein Puls wurde sch er. Er beschleunigte seinen Gang.

Hinter ihm knackten Zweige.

Sein Herz schlug ihm bis zum s. Er wollte wegrennen, erinnerte sich dann aber, wesha r eigentlich hier war. Er musste sich dem Verfolger stel schliesslich war er der Lockvogel. Matteo widerstand d impuls, sofort loszurennen, und wandte sich stattdessen upt um.

Eine Gestalt trat zwischen den Bäumen hervor.

»Tanner, du Idiot«, zischte sie gefährlich. »Hast du deine Lektion nicht gelernt?«

Für einen Augenblick war Matteo wie gelähmt vor Schreck. Lenas Plan war aufgegangen. Hier stand der Angreifer von gestern vor ihm. Matteo versuchte, wieder klar zu denken. Die Stimme hatte er bisher nicht erkannt, also musste er ihn dazu bringen, noch mehr zu sagen. »Welche Lektion?«, fragte er mit zittriger Stimme und hoffte, dass der Mann nicht merkte, dass er nicht Leon war.

»Du erinnerst dich nicht, du Ratte?«, knurrte der Unbekannte und machte einen Schritt auf ihn zu. »Dann muss ich wohl deutlicher werden.«

Er hätte ihn nicht provozieren sollen, dachte Matteo. Immerhin hatte er so aber festgestellt, dass der Akzent einheimisch war. Und die vermummte Gestalt schien nichts vom Täuschungsmanöver gemerkt zu haben. Matteo folgerte daraus, dass der Angreifer Leon wohl nicht persönlich kannte. Er konzentrierte sich auf die Grösse des Unbekannten. Fast eins neunzig, schätzte er.

Der Hüne kam noch einen Schritt näher.

Schlagartig wurde Matteo die Bedrohlichkeit der Situation wieder bewusst. Der Kerl war definitiv stärker als er selbst. Hoffentlich aber langsamer! Matteo versuchte, das Gesicht zu erkennen, doch es war bis zu den Augen unter einem umgebundenen Tuch verborgen. Dazu hatte die Person eine schwarze Schirmmütze tief in die Stirn gezogen, sodass es unmöglich war, darunter irgendwelche Details wie Form oder gar Farbe der Augen auszumachen. Die ganze Lockvogel-Geschichte entpuppte sich als totaler Reinfall, dachte Matteo. Er hatte kaum etwas Neues herausgefunden.

»Du hältst dich wohl für besonders schlau, was?«, fragte der Vermummte drohend. »Ich sagte doch gestern, du sollst dich hier nicht mehr blicken lassen.«

Matteo schaute über seine Schulter. Er musste weg hier!

»Diesmal stosse ich dich nicht bloss um!«, fauchte der Unbekannte und griff plötzlich nach Matteos Arm.

Damit hatte dieser aber gerechnet. Er machte einen Schritt zurück und wich der Attacke aus. Unglücklicherweise blieb er dabei mit der Ferse an einer Wurzel hängen. Er taumelte rückwärts, während die Gestalt auf ihn zustürmte. Einen Sekundenbruchteil später spürte er die kräftigen Hände des Angreifers an seinen Oberarmen, bevor er von der Wucht des gegnerischen Körpers zu Boden geworfen wurde.

»Nimm das hier«, presste der Unbekannte hervor und holte zum Faustschlag aus. Matteo rollte sich in letzter Sekunde weg, wurde aber gleich wieder am Arm gepackt. Er griff in den Waldboden und schleuderte seinem Gegner eine Handvoll Dreck, Blätter und Nadeln ins Gesicht.

Zu spät riss dieser schützend die Arme hoch und stiess sich dabei seine Mütze vom Kopf. »Aaah, du Schwein!«, schrie er und rieb stöhnend seine Augen.

Volltreffer! Matteo nutzte die kurze Blindheit seines Gegners, schnappte sich geistesgegenwärtig dessen Schirmmütze und sprintete los.

»Wenn ich dich erwische, bist du tot!«, rief ihm der Unbekannte hinterher, der nun die Verfolgung aufnahm.

Matteo hatte gut zehn Meter Vorsprung. Zwischen den Baumstämmen hindurch sah er das Licht der Strassenlaternen auf der Hauptstrasse hinter dem Stadtpark. Schnell, dorthin! Gleich gegenüber befände sich dann Leons Hotel. Dort wäre er in Sicherheit. Ein Blick zurück zeigte ihm, dass der Unbekannte näherkam. Er war zweifellos sportlich, registrierte Matteo und hastete verzweifelt weiter. Dabei hoffte er inständig, dass er über keine Wurzel mehr fallen würde. Er musste einfach das rettende Licht erreichen, bevor ihn der Verfolger erwischte!

Noch zwanzig Meter.

Er hörte seinen Verfolger dicht hinter ihm und spürte förmlich dessen Atem im Nacken.

Noch fünf Meter.

Eine Hand packte Matteos linke Schulter. Er duckte sich rechts weg und hechtete mit einer Rolle hinaus auf den Gehsteig, wo zwei ältere Männer erschreckt zur Seite sprangen. Matteo schlug die Hände schützend vors Gesicht und wartete darauf, dass sich sein Verfolger auf ihn stürzen würde.

Als einige Sekunden lang nichts geschah, spähte Matteo vorsichtig durch seine Finger.

»Hast du dir wehgetan, Junge?«, fragte einer der Männer, die entgeistert auf ihn herunterstarrten.

Matteo tastete kurz seine schmerzenden Handgelenke ab. Da war nichts gebrochen. Er rappelte sich hoch.

Im Unterholz verrieten knackende Zweige, dass sich der Unbekannte schnell entfernte.

»Das war knapp.« Matteo wischte sich den Staub von den Kleidern und sah die zwei Männer dankbar an. »Sie hat der Himmel geschickt!«

»Wurdest du denn verfolgt?«, wollte der eine wissen.

»War es ein wildes Tier?«, sagte der andere.

Matteo zögerte. »So was Ähnliches.«

Eine unerwartete Spur

»Bist du sicher, dass du nicht mitkommen möchtest?« Sam machte sich bereit für den Morgenspaziergang.

»Nein, geh du nur mit Amélie. Ich will da nicht stören.« Matteo lag auf einer Matratze neben Sams Bett. »Ausserdem bin ich noch hundemüde. Es ist sieben Uhr, Sam!«

»Das ist Dali egal. Er muss am Morgen raus. Je früher, desto besser. Und ich habe meinen Eltern versprochen, dass ich das Gassi-Gehen diese Woche übernehme.« Sam schnürte seine Turnschuhe. »Bleib du aber einfach liegen und geniess die Ferien, du Schlafmütze!«

Matteo gähnte. »Genau.« Er drehte sich um und war bereits wieder eingeschlafen.

Sam lächelte, denn eigentlich hatte er insgeheim darauf gehofft, mit Amélie alleine zu sein. Vorsichtig schloss er seine Zimmertür und trat auf den Flur. Sein Vater war offenbar schon aus dem Haus gegangen. Zumindest standen die Polizeistiefel nicht mehr auf dem Schuhbrett. Seine Mutter schien in der Küche zu sein. Sam nahm einen verführerischen Geruch von getoastetem Brot wahr.

»Ich geh dann mal mit Dali raus, Mum!«, rief er und pfiff leise.

Dali kam schwanzwedelnd um die Ecke. Die Leine hielt er auffordernd zwischen den Zähnen.

»Schlauer Kerl!« Sam streichelte dem Polizeihund durchs Fell.

»Wo ist denn Matteo?«, fragte Sams Mutter, die ihren Kopf aus der Küche streckte.

»Der schläft lieber noch eine Runde.« Sam leinte Dali an.

»Typisch!« Sarah Winter schmunzelte. Sie mochte Matteo sehr. Er gehörte quasi zur Familie. »Dann gehst du alleine, oder soll ich dir Gesellschaft leisten?«

»Ich treffe Amélie drüben im Stadtpark«, sagte Sam schnell. »Sie kommt wegen Dali«, schob er hinterher.

»Natürlich.« Sarah lachte laut heraus. »Ich habe verstanden.« Sie zog sich wieder in die Küche zurück.

»Mum, du verstehst gar nichts ...«, setzte Sam zu einer Erklärung an, verzichtete dann aber mit einer wegwerfenden Handbewegung darauf. Sein Blick fiel auf die schwarze Baseballkappe, die Matteo tags zuvor wie eine Trophäe präsentiert hatte, als er ihnen im Hotelzimmer vom Kampf gegen den unbekannten Angreifer erzählte. Sie hatten die Schirmmütze dann als Beweismittel in eine Plastiktüte gesteckt. Natürlich, das war's! Auf die Idee mit Dali hätten sie auch früher kommen können!

Vielleicht lag Mum ja richtig, dachte Sam, als er zehn Minuten später mit Dali an der Leine am Kongresshaus vorbeiging. So selbstverständlich war es wohl nicht, dass Amélie wegen eines Spaziergangs mit einem Hund in den Herbstferien vor sieben Uhr aufstand, um sich mit ihm um halb acht Uhr zu treffen. Kam sie tatsächlich seinetwegen? Sams Puls beschleunigte sich. Alle behaupteten immer, dass Amélie in ihn verliebt sei. Das würde man doch sehen. Er aber sah es nicht. Und wenn er es zu spüren glaubte, zweifelte er daran.

Sieben Uhr fünfundzwanzig. Sam steigerte das Tempo und zog Dali mit, der interessiert an einem Busch geschnuppert hatte und sich nur widerwillig davon losreissen liess. Sam wollte auf keinen Fall zu spät beim Treffpunkt sein, da sich der neue Tag erst ankündigte und die irgendwo hinter den Bergen aufgegangene Sonne die letzten Schatten der Nacht noch nicht vertreiben konnte. Sam ärgerte sich über sich selbst. Warum hatte er nur eine der einsamsten Ecken des Stadtparks, den Brunnen hinten beim Wäldchen, als Treffpunkt vorgeschlagen? Das war doch kein Ort für eine Dreizehnjährige, so lange es noch dunkel war, dachte er, und schüttelte den Kopf, weil sich seine innere Stimme anhörte wie diejenige seiner Mutter. Amélie würde ihn bestimmt auslachen, wenn sie wüsste, dass er sich solche Sorgen machte. Die kam schon klar und hatte oft bewiesen, dass sie sich nicht so schnell fürchtete.

Dali schnupperte am steinernen Rand des Brunnens, während Sam zum zehnten Mal auf sein Handy schaute.

Sieben Uhr vierunddreissig. Wo Amélie nur blieb?

In den letzten fünf Minuten waren bloss zwei Joggerinnen und ein Mann mit Dackel vorbeigekommen. Immerhin war man aber zu dieser Tageszeit nicht mehr ganz allein in diesem eher abgelegenen Teil des Parks, dachte Sam und spürte eine gewisse Erleichterung.

»So, du Hübscher!«, rief eine Stimme hinter ihm.

Amélie!

Sams Herz machte einen Freudensprung, auch wenn schnell klar wurde, dass sie nicht ihn, sondern den Spürhund gemeint hatte. Sam drehte sich um und sah Amélie in Jogging-Kleidern auf ihn zurennen. Kurz bevor sie ihn erreicht hatte, öffnete sie ihre Arme, kniete nieder und umarmte Dali. Als sie ihr Gesicht in sein wuscheliges Fell drückte, spürte Sam eine Art Eifersucht in ihm aufkommen. Er reagierte mit einem Grinsen, denn er würde sich doch nicht von einem Hund ausstechen lassen! Ein wenig schmerzte es ihn allerdings schon, dass Amélie ihn noch kaum beachtet hatte und stattdessen im typischen Singsang-Ton auf Dali einredete.

»Du bist so ein Süsser! Das hast du gerne, ich weiss.«

Sam räusperte sich, konnte aber nicht auf sich aufmerksam machen. Verstohlen musterte er Amélie. Sie hatte sich die Haare zu einem Pferdeschwanz gebunden, wie er es besonders mochte. Eine Strähne hatte sich gelöst und klebte am leicht feuchten Hals. Sein Blick wanderte abwärts. Amélie trug einen weissen Kapuzenpullover und lange Leggins. Er schluckte leer. Warum musste sie in diesen Sportsachen so gut aussehen?

»Was starrst du mich denn so an?«, fragte Amélie und stand auf. »Habe ich etwas an der Hose?«

Peinlich berührt hob Sam den Blick und schaute ihr in die Augen. »Vielleicht ein paar Hundehaare.« Er hatte sich schnell wieder gefasst und versuchte seine Verlegenheit zu überspielen. »Soll ich sie dir wegmachen?«

»Untersteh dich!«, sagte Amélie mit gespielter Strenge, wobei ihre Augen lustig blitzten. »Aber gut gerettet, Herr Winter! Immer eine schlagfertige Antwort parat.«

»Man tut, was man kann. Mit Hundeblick punktete ja schon ein anderer heute Morgen!«

Amélie kicherte. »Du bist auch ein ganz Lieber!« Sie tätschelte Sams Kopf wie den eines Hundes. Dann umarmte sie ihn, wie es in der Schule unter Freundinnen und Freunden zum Gruss üblich war. Hier alleine im Park hatte das aber eine völlig andere Bedeutung. Und Sam kam die Umarmung auch etwas länger und intensiver vor als sonst.

»Nicht träumen! Spazieren!« Amélie hatte sich die Leine gegriffen und liess Sam stehen, der einen Moment brauchte, um seine Gefühle wieder zu sortieren.

»Ich komme ja«, brummte er und eilte hinter Dali und Amélie her, die sich in die Richtung bewegten, aus der Amélie schon vorher gekommen war.

»Du musst wissen, dass ich heute Morgen nicht nur gejoggt bin, sondern bereits kurz an dem Ort vorbeiging, wo Matteo gestern angegriffen wurde. Ich habe mir gedacht, dass der Täter ja etwas verloren haben könnte.«

Sam verdrehte die Augen. Und er hatte sich Vorwürfe gemacht, weil sich Amélie eventuell hätte fürchten können! Stattdesssen war sie bereits vorher am Tatort herumgestreift. »Was hast du gefunden?«

»Leider nichts. Irgendwo hier muss der Kampf gestern stattgefunden haben.« Sie zeigte auf den Kiesweg vor ihr.

»Wir haben ja schon etwas von hier mitgenommen.« Sam fischte die Schirmmütze aus dem Rucksack. »Ich hatte da so eine Idee.« Er deutet mit seinem Kinn auf Dali.

Amélie verstand sofort, und ihre Augen leuchteten, als der Hund interessiert an der Kappe schnupperte, die ihm Sam hinhielt. »Weiss dein Vater davon?«

»Natürlich nicht.« Sam zwinkerte Amélie verschwörerisch zu. »Das erfährt er auch nicht.« Er konzentrierte sich auf den Polizeispürhund, der genau wusste, was nun folgen würde. »Such, Dali!«

Mit der Schnauze wenige Zentimeter über dem Boden zog Dali zielstrebig an der Leine. Nur bei Abzweigungen zögerte er manchmal kurz, wobei er sich entweder im Kreis drehte oder mehrmals den Kopf hob und wieder senkte. Sam verstand dies jeweils als Aufforderung, ihm die Schirmmütze noch einmal unter die Nase zu halten. Unterdessen waren sie am Kongresshaus vorbei durch die Fussgängerzone zur Hauptstrasse gegangen. Soeben liessen sie den Fussballplatz hinter sich und folgten Dali Richtung Tierpark.

»Was steht eigentlich auf dieser Kappe?«, fragte Amélie.

»Philadelphia Phantoms«, las Sam und untersuchte die schwarze Schirmmütze genauer. »Schau dir das Logo an. Ein Phantom mit leuchtenden, orangefarbenen Augen.«

»Irgendwie unheimlich, finde ich. Meinst du, es ist eine Baseballkappe?«

Sam wiegte den Kopf hin und her. »Jedenfalls ein Fanartikel eines amerikanischen Sportteams. Ja, vielleicht Baseball. Könnte aber auch ein Basketballteam sein.«

»Verrät uns das etwas über die Herkunft des Täters?«

»Kaum. Das tragen doch hier alle, selbst ohne jemals in den Vereinigten Staaten gewesen zu sein.« Sam zeigte auf Dali. »Ich glaube, seine Spur ist heisser.«

»Meinst du, er führt uns wirklich zum Haus des Täters?«

»Sagen wir so, dass er offenbar jemanden erschnüffelt hat, der diese Kappe trug. Das beweist noch nichts, aber ich bin gespannt.« Sie passierten die Gondelbahnstation und den oberen Eingang zum Tierpark, bevor Dali immer aufgeregter an der Leine zog und ein Mehrfamilienhaus anpeilte, das Sam und Amélie sehr gut kannten.

»Der zieht ja geradewegs zu Lenas Haus«, wunderte sich Amélie. »Was hat das zu bedeuten, Sam? Lena hat die Kappe doch nicht angefasst, oder?«

»Nein, das glaube ich auch nicht.« Sam beruhigte Dali, der mit seinen Vorderpfoten an der verschlossenen gläsernen Tür zum

Treppenhaus kratzte. »Brav, mein Junge, das hast du gut gemacht.« Er kraulte den Spürhund zwischen den Ohren und gab ihm einen kleinen Hundekeks, den er mitgenommen hatte. »Ich sage es ja ungern, Amélie, aber ich denke, wir müssen Lenas Mutter in den Kreis der Verdächtigen aufnehmen.«

Amélie blies vor Entrüstung ihre Backen auf. »Du spinnst ja!«, entfuhr es ihr. »Anna Sander zieht sich eine Baseballkappe an und prügelt auf jemanden ein? Wie kommst du auf diese hirnverbrannte Idee?«

»Psst, nicht so laut.« Sam legte den rechten Zeigefinger auf seine Lippen. »Lass uns einige Schritte von hier weggehen.«

Ein paar Hauseingänge weiter blieb Sam stehen. »Nun können wir sprechen.«

Amélie war noch immer fassungslos. »Sam, warum schleichen wir von Lenas Haus weg, als ob ihre Mutter eine Verbrecherin wäre? Das ist doch nicht dein Ernst, oder?«

Sam liess sich nicht beirren. »Der Mann mit der Mütze wurde vielleicht von jemandem angeheuert ...«

Amélie schnappte nach Luft. »Und du meinst, Lenas Mutter könnte diese Anstifterin sein?«

»Bis gerade vorher habe ich das nicht gedacht, nein. Erst jetzt, nachdem Dali die Spur der Baseballkappe hierher zurückverfolgt hat.« Sam betrachtete den Hund mit der feinen Spürnase, der nun wieder wie ein ganz gewöhnlicher Artgenosse einen Hydranten markierte. »Seit gestern Abend überlege ich nämlich, weshalb ein vermutlich junger Mann Leon drohen soll, an der Konferenz nichts von Büchern zu sagen. Für mich klingt es eher so, als ob irgendwer einen Schlägertyp losgeschickt hat.«

Amélie schaute mit leerem Blick durch Sam hindurch.

»Da steckt doch jemand dahinter, der in irgendeinem Punkt eine ganz andere Meinung als Leon vertritt«, fuhr Sam fort. »Und ich glaube, es muss etwas mit Bad Lärchenberg zu tun haben. Denn sonst würde Leon nicht ausgerechnet hier von einem Mann mit einheimischem Akzent bedroht.«

Amélie trug einen inneren Kampf mit sich aus, nickte nun aber langsam. »Und Anna Sander ist anderer Meinung, wie wir von Lena wissen ...«, wisperte sie.

»Ja, als Tourismusdirektorin sind ihr die Gäste wichtig, weshalb sie für die künstliche Erhaltung des Firstgletschers ist. Leon aber ist zum Beispiel gegen die Gletscherbeschneiung, weil er die Klimaerwärmung viel grundsätzlicher anpacken will.«

»Ich weiss.« Amélies Wut war verpufft, und Sams ungeheuerlicher Verdacht schien ihr plötzlich gar nicht mehr so abwegig.

Sie sah geknickt aus, dachte Sam. Er wusste, wie sehr Amélie jeweils litt, wenn die Harmonie unter den MounTeens in Gefahr war. Er legte ihr tröstend die Hand auf die Schulter. »Das sind ja alles erst Vermutungen.«

Ohne den Blick zu heben, trat Amélie noch näher zu Sam und lehnte ihren Kopf an seine Schulter. »Was sagen wir Lena?«

Sam nahm sie in die Arme. »Vorläufig gar nichts.«

Eiszeit

»Wie war denn euer romantischer Hundespaziergang heute Morgen?«, stichelte eine sichtlich gut gelaunte Lena, als sie mit Sam und Amélie in die grosse Kabine der Luftseilbahn zur Lärchenalp stieg.

»Unspektakulär«, winkte Sam ab. »Dali hat drei Bäume, zwei Hydranten und einen Laternenpfahl markiert.«

Lena lachte. »Genau das wollte ich wissen. Und sonst?«

Sam beschloss, zumindest die halbe Wahrheit zu sagen, und erzählte Lena während der Gondelfahrt von seiner Idee mit der Schirmmütze.

»Und?«, fragte Lena neugierig.

Sam fühlte sich plötzlich unsicher, ob das Ganze nicht ein Test war, weil Lena den schnüffelnden Dali, Amélie und ihn von ihrem Fenster aus ja auch gesehen haben konnte. Bisher waren sie davon ausgegangen, dass Lena um acht Uhr noch geschlafen hatte und ihre Mutter sicher schon zur Arbeit gegangen war. »Dali hat sich nicht entscheiden können«, log Sam. Aus den Augenwinkeln nahm er wahr, wie Amélie beschämt zu Boden blickte. Es fiel ihr sichtlich schwer, Lena nicht einfach die Wahrheit zu erzählen. »Wir sind ihm kreuz und quer durch den Stadtpark gefolgt, aber eine brauchbare Spur hat er offenbar keine gefunden«, fuhr Sam fort, wobei er sich in seiner Haut ebenfalls sehr unwohl fühlte. Die MounTeens waren doch sonst immer ehrlich zueinander. Wo würde das nun hinführen?

»Schade!«, bemerkte Lena knapp, zuckte aber nicht mit der Wimper.

Amélie war sich recht sicher, dass ihre Freundin Sams Geschichte geglaubt hatte. Sie schaute hoch zur Lärchenalp, wo schon bald wieder Schnee liegen würde. Die Vorfreude auf den Winter war heute aber definitiv getrübt. Zu schwer wog der Verdacht, dass Anna Sander in den Fall verwickelt sein könnte. Amélie mochte nicht mal sprechen.

Also schwiegen sie sich an.

Oben angekommen, schlugen sie wortlos den Weg zum Hotel Regina ein.

»Habt ihr euch gestritten?«, fragte Lena, der das Ganze unterdessen reichlich seltsam vorkam.

»Nein, alles gut«, beeilte sich Amélie zu antworten und versuchte ein Lächeln.

Matteo stand vor dem Hotel seiner Eltern bereit. Er war am Morgen erst nach Sams Rückkehr aufgestanden, hatte mit ihm gefrühstückt und war dann zur Lärchenalp hochgefahren, um sich für den Nachmittag bereitzumachen. »Danke nochmals, Lena, dass uns deine Mutter vier Tickets für die Gondelfahrt hoch zum Gämshorn und den Besuch der Eisgrotte geschenkt hat«, sagte er gut gelaunt.

Er war der bessere Schauspieler, dachte Sam. Matteo liess sich nichts anmerken und sprach mit Lena wie immer, obschon er eingeweiht worden war, dass Dali die Spur der Kappe bis zum Haus der Sanders verfolgt hatte. Matteos Optimismus, dass es sicher eine natürliche Erklärung für alles geben würde, teilte Sam nicht. Er bewunderte aber die positive Art seines Freundes, der es schaffte, keine Zweifel an der Einheit der MounTeens aufkommen zu lassen. Die kurz zuvor noch spürbare Anspannung war jedenfalls wie weggeblasen. Erleichtert stellte Sam fest, dass Amélie sich bei Lena einhakte und wieder fröhlich zu sein schien. Er gab sich ebenfalls einen Ruck. »Dann lasst uns aufbrechen!«

Eine halbe Stunde später traten die MounTeens aus den Achtergondeln der Gämshorn-Bahn, mit der sie auf knapp dreitausend Meter hochgefahren waren.

»Sonst bin ich immer nur mit Ski oder Snowboard hier«, sagte Amélie. »Und die Eisgrotte habe ich das letzte Mal mit der Kindergartenklasse besucht.«

Matteo überlegte. »In der Grotte war ich noch nie. Da schicken wir eigentlich nur unsere Gäste hin.« Theatralisch fischte er sein Handy hervor und knipste ein Selfie. »Heute sind wir also selbst mal Touristen!«

Lena lachte. »Nachdem wir die letzten Tage viel davon gesprochen haben, fand meine Mutter, ich solle mir das Ganze doch mit euch zusammen selbst mal anschauen gehen.« Sie ging zur Kasse, um für die Gutscheine vier Tickets zu holen. »Hier geht's lang zur Eisgrotte!«

Die MounTeens passierten das Drehkreuz und folgten einem steinigen, gut gesicherten Bergweg, der von der Bergstation der Gondelbahn durch eine steile Felswand hinüber zum obersten Teil des Firstgletschers führte.

»Atemberaubend schön hier oben, nicht?« Amélie stoppte, lehnte sich ans Geländer und liess das Panorama auf sich wirken.

Lena betrachtete den nur noch einige hundert Meter langen Gletscher. »Ja, aber diese Schönheit müssen wir schützen, wenn das so bleiben soll.«

Sam wusste, was nun kommen würde – die immer gleichen Argumente im Streit um die Tücher und die Schneekanonen.

»Hier oben kämen die Vliese hin.« Lena zeigte auf jenen Teil des Gletschers, worunter sich die Eisgrotte befand. »Es ist die beste Variante, um das Abschmelzen zu verhindern. So können die Gäste auch in den kommenden Jahren noch ein paar Meter unter der Eisoberfläche wandern.«

»Es bleibt aber eine Verschandelung der Berge, oder nicht?«, wagte Amélie einzuwenden.

»Das sind Skilifte ebenfalls«, erwiderte Matteo trotzig. »Und da protestiert auch niemand. Wir müssen halt schon an den Tourismus denken.«

»Aus deiner Sicht ist das richtig«, sagte Sam. »Aber meine Eltern haben mir gestern einen Zeitungsartikel gezeigt, der den Titel trug: ›Lasst die Gletscher in Würde sterben‹. Da stand auch sehr Bedenkenswertes drin, wenn ihr mich fragt. Wir können zum

Beispiel mit Schneekanonen den Klimawandel nicht stoppen, sondern verschwenden bloss viel Energie, um den Wandel zu verzögern.«

»Bei den Schneekanonen gebe ich dir ja zum Teil recht, weil sie tatsächlich nicht sehr umweltverträglich sind«, lenkte Lena ein. »Aber die weissen Tücher, die hier übers Eis gelegt werden sollen, sind doch eine Supersache. Die schützen das Eis und brauchen keine Energie.«

»Ausser bei der Produktion«, konterte Sam und fügte kampflustig an: »Seien wir ehrlich. Es geht weder bei den Schneekanonen noch bei den Vliesen um den Gletscher, sondern bloss ums Geld.«

Lena schaute Sam wie ein Kind an, das einfach nicht verstehen will. »Es geht um viel mehr als das, Sam. Findest du unsere Berge hier nicht schützenswert?«

»Doch.«

»Und bist du mit mir einig, dass wir das nicht bloss wegen der Touristen tun sollen?«

»Ja.«

»Sondern für uns selbst?«

»Ja.«

Lena fühlte sich ganz in ihrem Element. »Wenn wir also unseren Firstgletscher hier erhalten können, sollten wir doch nichts unversucht lassen, ihn zu retten, oder?«

»Nicht um jeden Preis.« Sam schüttelte den Kopf.

»Wenn diese Massnahme aber bedeutet, dass der Gletscher geschützt wird *und* gut für den Tourismus ist, dann schlagen wir doch zwei Fliegen mit einer Klappe, oder?«

»Ich gebe auf, Lena.« Sam lachte. »Im Argumentieren bist du schon in der Schule immer die Beste.«

Lena knuffte Matteo freundschaftlich in die Seite. »Ein Sieg für uns, die an den Tourismus denken. Komm, Berti. Lassen wir die Verlierer ein wenig die Wunden lecken.«

Amélie hielt Sam zurück, bis ihre Freunde einige Meter Vorsprung hatten. »Das trifft sich gut, denn ich wollte dir noch etwas sagen!« Gespannt neigte Sam den Kopf zu Amélie hinüber.

»Ich habe darüber nachgedacht, wer neben Lenas Mutter vielleicht auch nicht möchte, dass Leon über die Pläne hier oben beim Firstgletscher spricht«, flüsterte Amélie.

»Auf wen bist du gekommen?«, fragte Sam.

»Auf Walter Bodmer.«

»Gemeinderat und Hauptaktionär der Bergbahnen.« Sam pfiff anerkennend durch die Zähne. »Ja, Bodmer kämpft ebenfalls an vorderster Front für die Installationen hier oben. Nur mit genügend Fahrgästen werfen die Bahnen schliesslich Gewinn ab.«

»Und er profitiert direkt vom Geld. Im Gegensatz zu Anna Sander.«

»Ja, er wäre tatsächlich noch verdächtiger als sie.« Sam verzog widerwillig das Gesicht. »Wenn uns Dali nicht zum Haus der Sanders geführt hätte ...«

Amélie nickte. »Ich weiss, aber ich glaube wie Matteo daran, dass es eine andere Erklärung dafür geben muss.« Sie lächelte Sam aufmunternd an. »Lass uns Lena und Matteo einholen!«

Fünf Minuten später hatten die MounTeens den Eingang der Gletschergrotte erreicht. Die schwere Eichentür, die ausserhalb der Öffnungszeiten den Zugang zur Eishöhle versperrte, stand weit offen.

»Da drin herrschen übrigens konstante minus 1.5 Grad, also nehmt eure Jacken hervor«, sagte Lena, die eine Infotafel neben dem Eingang studierte.

»Das sind ja etwa zehn Grad weniger als hier draussen«, staunte Sam.

»Wusstet ihr, dass die Höhle jedes Jahr neu ins Eis gehauen wird, weil sich das Eis einige Zentimeter pro Tag bewegt?«

»Echt jetzt?«, fragte Matteo ungläubig.

»Ja, acht Personen sind jeweils drei Wochen im Mai hier beschäftigt.«

»Krass. Das erklärt dann auch den Eintrittspreis.« Matteo trat zu Lena und las mit. »So viel Arbeit für hundert Meter Eistunnel«, staunte er. »Die müssen sogar während der Öffnungszeit von Juni bis Oktober hier nachts oft wieder ein wenig korrigieren.«

»Nun will ich das aber auch *sehen*«, drängte Sam, dessen Ungeduld allen hinreichend bekannt war. Er streifte seine Daunenweste über den Pullover und ging voran.

Schon beim Eintreten spürten die MounTeens die Kälte, die von der grossen Eismasse ausging.

»Fast wie im Tiefkühlschrank«, bemerkte Matteo, als sie die ersten dreissig Meter zurückgelegt hatten. Er zog den Reissverschluss seiner Jacke noch ein wenig höher. »Deshalb überlebst du nicht lange, wenn du in eine Gletscherspalte fällst.«

»Es sei denn, du bist ein Gletscherfloh«, wandte Lena ein.

Matteo war unsicher, ob sie ihn hochnehmen wollte.

»Diese Insekten, die ganzjährig auf dem Eis leben, gibt's wirklich«, beeilte sich Lena zu sagen. »Kein Scherz!«

»Wir hätten Dali mitnehmen sollen, dann hätten die Hundeflöhe wieder mal ihre Freunde hier treffen können«, spasste Sam, der über seinen Witz am meisten lachte.

Unterdessen waren die MounTeens am hintersten Punkt der mit Schweinwerfern ausgeleuchteten Grotte angekommen.

»Schaut euch diese unglaubliche Farbe an«, schwärmte Amélie, die gleich neben Sam ging. »Da ist so ziemlich jeder Blauton zu sehen, den man sich vorstellen kann.«

Lena berührte das Eis: »Wollt ihr wissen, weshalb es manchmal weiss und manchmal blau erscheint?«

»Ja, Frau Professorin, klär uns auf!«, spottete Sam.

»Wenn im Eis viel Luft eingeschlossen ist, wird das Licht stark gestreut. Das erscheint dem menschlichen Auge dann als weiss. Das ist auch beim Schnee so. Beim blanken Eis aber werden alle Farben des Lichts absorbiert ausser Blau. Das weisse Licht muss allerdings etwa drei Meter ins Eis eindringen, bis es nur noch als blaues Licht reflektiert wird.«

»Kannst du das nicht verständlicher erklären?« Sam stöhnte theatralisch. »Das ist ja schlimmer als in der Schule.«

»Ja, ich fasse für die einfachen Gemüter unter uns nochmals zusammen«, entgegnete Lena ungerührt. »Das Eis ist immer durchsichtig, aber je dicker es ist und je weniger Luft eingeschlossen ist, desto blauer erscheint es.«

»Weshalb weisst du solche Dinge?«, fragte Sam nicht ohne Bewunderung in der Stimme.

»Weil ich die Schilder hier lese und das Eis betrachte, während du nur Augen für andere Schönheiten hast.«

Sam blieb mit offenem Mund stehen. Der hatte gesessen! Einen Moment lang dachte er daran, lauthals zu protestieren, doch als alle zu glucksen begannen, stimmte er mit ein, sodass sich die MounTeens bald kugelten vor Lachen.

Während die anderen Besucher über die vier prustenden Jugendlichen nur den Kopf schütteln konnten, wirkte das Ganze bei den MounTeens unendlich befreiend und sorgte endlich wieder für den Zusammenhalt und die Unbeschwertheit, die ihre Freundschaft ausmachten.

Die Gletscherkonferenz

In der Nacht war Regen gefallen, und es hing ein leichter Nebel in der Luft, als sich die MounTeens noch ziemlich verschlafen dem Kongresszentrum näherten. Auf dem Weg durch den Park roch es herbstlich-modrig nach feuchtem Laub. Amélie mochte diese Jahreszeit. Sie hatte etwas Mystisches an sich – eine Mischung aus Dunkelheit und nahendem Sterben und gleichzeitiger Symphonie von Farben und wohltuender Ruhe. Nur für ganz kurze Zeit im Jahr, im November und Mai, waren in Bad Lärchenberg kaum Touristen anzutreffen. Die Stadt schien dann durchzuatmen, und es stellte sich eine Art Langsamkeit und Gemütlichkeit ein, die während der Sommer- und Wintersaison nicht möglich war.

»Guten Morgen!«, rief Leon den MounTeens zu.

»Hallo, Leon.« Lena winkte erfreut zurück, wobei sie fast eine Pfütze übersehen hätte und erst im letzten Moment ausweichen konnte.

Amélie grinste und beobachtete, wie ihre Freundin aufgeregt zu Leon lief, der am Ausgang des Stadtparks gleich gegenüber dem Kongresshaus auf sie wartete. Sie war wie immer voller Tatendrang und wollte gleichzeitig den Gletscher retten und Leons Angreifer finden. Ob es wohl auch ein bisschen war, um den Sechzehnjährigen zu beeindrucken, liess sich nicht mit Sicherheit sagen. Fasziniert vom bekannten Umweltaktivisten war sie jedenfalls.

Amélie wandte sich um zu Sam, der hinter ihr ging und angeregt mit Matteo diskutierte. Natürlich drehte sich wieder mal alles um Fussball und Eishockey. Sie schüttelte belustigt den Kopf. Die beiden wären wohl lieber zu irgendeinem Meisterschaftsspiel als zur Podiumsdiskussion gegangen.

»Themawechsel, Jungs!«, sagte sie mit gespielter Strenge und hob ihren Zeigefinger.

»Wir haben Ferien«, brummte Matteo. »Das klingt bei dir aber wie in der Schule.«

»Habt ihr denn im Programmheft geschaut, was ihr euch anhören möchtet?«

»Programmheft?« Sam blickte sich suchend um.

»Ich sehe schon, ihr seid super vorbereitet. Wir gehen hier zu einer Konferenz mit mehreren zeitgleichen Anlässen wie Reden oder Diskussionen. Deshalb haben Lena und ich uns das vorher angeschaut und dann dir, Sam, das Programm überreicht.«

Sie zeigte auf ein gerolltes Stück Papier, das Sam achtlos in der Hand hielt.

»Ach, das hier.« Sam lächelte schuldbewusst und glättete das Programmheft. »Wohin geht *ihr* denn?«

»Es gibt um zehn Uhr im grossen Saal eine Diskussion, an der auch Paula Roth teilnimmt.«

»*Gletscher als Opfer des Klimawandels*«, las Sam. »Der Titel klingt gut, da komme ich ebenfalls.«

Amélie nickte versöhnlich. »Ich hätte darauf gewettet.«

»Ich schliesse mich an«, entschied Matteo, ohne aufs Programmheft zu schauen, wobei sich Amélie fragte, ob es die Jungs anderthalb Stunden ruhig auf ihren Stühlen sitzend aushalten würden. In der Schule waren sie oft schon nach zehn Minuten Frontalunterricht zappelig.

»Jetzt, wo Lena gerade nicht hier ist ...«, sagte Sam mit gedämpfter Stimme, »wollte ich mit euch absprechen, wie wir weiter vorgehen.«

»Wovon sprichst du?«, flüsterte Amélie.

»Wir müssen herausfinden, weshalb uns Dali zum Haus der Sanders geführt hat. Wir sind uns ja wohl einig, dass Anna Sander nicht selbst die Angreiferin war.«

»Definitiv nicht«, bestätigte Matteo grimmig.

»Also hat sie vielleicht jemanden geschickt, und wir müssen wissen, wer in letzter Zeit so bei den Sanders ein- und ausgegangen ist.« Sam schaute auffordernd zu Amélie, die sofort verstand.

»Warum ich?«, stammelte sie, kannte aber Sams Antwort bereits.

»Weil du ihre beste Freundin bist und es viel auffälliger wäre, wenn Matteo oder ich das tun würden.«

»Schon klar.« Amélie haderte damit, Lena ausfragen zu müssen, fügte sich dann aber. »Okay, ich mach's. Vielleicht weiss sie aber auch nicht, wen ihre Mutter am Sonntagabend traf, schliesslich war Lena mit uns unterwegs.«

Der grosse Saal hatte sich gut gefüllt, und es lag eine gespannte Erwartung in der Luft.

Leon zücke sein Handy. »Noch fünf Minuten.« Seine Mine verfinsterte sich. »Nein, nicht schon wieder«, bemerkte er laut genug, dass es die MounTeens, die links und rechts neben ihm sassen, hören konnten.

»Was ist los?« Lena biss sich auf die Lippen, denn manche empfanden ihre Neugier auch als aufdringlich.

»Ach nichts«, winkte Leon ab.

»Das sieht aber nicht nach nichts aus«, hakte Lena nach und fixierte den Sechzehnjährigen.

»Ich sollte gar keine Social Media mehr benutzen«, erwiderte Leon zerknirscht. »Hier, lies selbst.« Er reichte Lena sein Handy.

»Was steht denn da?«, fragte Sam neugierig.

»Das will ich nicht laut vorlesen. Es ist deutlich unter der Gürtellinie.« Lena gab das Handy weiter.

»Was für ein Idiot!«, rief Amélie aus, als sie den hässlichen Kommentar unter Leons Eintrag gelesen hatte. »Und dieser Hashtag! Wie hältst du das aus, Leon?«

»Du meinst #wehateleon? Das ist bei Weitem nicht der schlimmste. Es gibt unzählige hasserfüllte Leute im Netz. Das glaubt ihr gar nicht. Und ich bin ihre Zielscheibe, weil ich die Dinge beim Namen nenne. Vieles von dem, was wir tun, ist schlecht für die Umwelt. Das ist einfach Fakt. Man kann das akzeptieren oder nicht, man kann etwas dagegen tun oder nicht, aber es bleibt wahr.« Leons Niedergeschlagenheit hatte in Wut umgeschlagen. »Die meisten zeigen gerne auf andere und schreien, dass jene noch viel schlimmer seien. Sie sagen dann, dass nun erst einmal die grössten Umweltsünder reagieren müssten, bevor sie selbst auf etwas verzichteten.«

»Das habe ich bestimmt auch schon mal gesagt«, gab Matteo zu. »Aber ich würde dich doch niemals beschimpfen, wenn du mir den Spiegel vorhältst.«

Leon hielt Matteo die Hand knapp vors Gesicht. »Spiegel mag man eben nur, wenn man darin toll aussieht. Das war schon bei der bösen Königin im Märchen Schneewittchen so.« Er zuckte mit den Schultern. »Manchmal mag ich es auch nicht, mich selbst kritisch zu betrachten. Ich bin keineswegs perfekt. Ab und zu fliege ich zu Klimakonferenzen, fahre im Auto meiner Eltern mit oder esse etwas, das zu viel Plastikverpackung hat. Ihr könnt euch gar nicht vorstellen, was dann jeweils auf meinen sozialen Kanälen abgeht.«

Der Moderator der Podiumsdiskussion blies ins Mikrofon. »Eins, zwei, Test ...«

Es musste gleich losgehen.

»Dabei sage ich doch nur, dass die Regierungen und die Wirtschaft auf die Wissenschaft hören sollten und die Klimakrise ernst nehmen müssen. Und im Kleinen kann auch jeder von uns seinen Teil beitragen, wenn man etwas bewusster reist, isst und einkauft.«

Die MounTeens nickten. So ähnlich hatten sie das auch in der Schule gehört. Zwischen Hören und aktivem Handeln lag aber bekanntlich ein grosser Unterschied ...

Knapp zwei Stunden später war die Podiumsdiskussion beendet. Leon hatte sich zu den Teilnehmenden gesellt und diskutierte mit Paula Roth, Glaziologin Emma Kraus und einigen Interessierten aus dem Publikum.

»Ich fand das echt spannend«, sagte Lena, während Matteo und Sam sichtlich froh waren, dass sie sich wieder von den Stühlen hatten erheben können.

»Na ja, heute herrschte aber auch ziemlich grosse Einigkeit«, meinte Sam leicht enttäuscht, weil er sich eine etwas hitzigere Debatte gewünscht hatte. »Die Gletscher *sind* ein Opfer des Klimawandels. Helfen würde nur ein Stoppen der globalen Erderwärmung.«

»Ich bin sicher, das Podium am Donnerstag wird sehr viel lustiger, weil dann Leon mit von der Partie ist.« Lena rieb sich vergnügt die Hände. »Er hat mir schon ein wenig verraten, wen er angreifen will. Er wird definitiv konkrete Massnahmen hören wollen und lautstark Umsetzungen fordern. Das muss ich sehen!«

»Wenn ich es nicht besser wüsste«, flüsterte Amélie Sam zu, »würde ich glauben, Lena ist voll verliebt.«

»Wie äussert sich das denn bei euch Mädchen, dieses Verliebtsein?«, fragte Sam scheinheilig.

»Keine Ahnung.« Amélie kicherte. »Ich kenne es nur von anderen.« Ihre Augen blitzten vergnügt. »Du?«

»Auch«, beeilte sich Sam zu sagen.

Die MounTeens begaben sich zum Ausgang und warteten auf Leon, der wenig später in Begleitung von Wirz und einer Frau mittleren Alters aus dem Saal trat. Er verabschiedete sich von den beiden und pflügte sich den Weg durch die Menge zu den MounTeens.

»War das nicht die Tuchfabrikantin?«, wunderte sich Matteo.

»Ja, Hanna und ich hatten ein interessantes Gespräch über die Rettung des Firstgletschers.« Leon griff in die Jackentasche. »Ich habe übrigens ein kleines Problem. Wirz hat mir gerade dieses Ticket für die Führung von heute Abend überreicht.«

Matteo hob eine Augenbraue. »Problem? Führung? Wovon sprichst du?«

»Wirz hat sich für die Vortragenden und einige spezielle Gäste offenbar etwas Besonderes überlegt. Oben in der Eisgrotte am Firstgletscher soll es ein Lichtspektakel geben.« Leon verzog das Gesicht. »Ich fühle mich geehrt, dass er an mich dachte, doch ich kann nicht hingehen.«

»Weshalb denn nicht?«, fragte Matteo. »Das ist sicher ein einmaliges Erlebnis!«

»Ich sollte mich dringend noch vorbereiten für Donnerstag. Ich muss mich jeweils schon einlesen, wisst ihr. Aber will jemand von euch das Ticket haben?«

Sie einigten sich darauf, dass Matteo es erhielt, weil er auf halbem Weg wohnte und seine Eltern sowieso nichts dagegen haben würden.

»Kommst du aber noch mit uns zum Stadtpark, um etwas Kleines zu essen, Leon?« Lena zeigte auf ihren Rucksack. »Ich habe Picknick mitgenommen.«

»Ja, gerne ..., wenn es nicht zwingend der Stadtpark sein muss«, meinte Leon augenzwinkernd. »Heute wollen wir unser Phantom mal nicht provozieren. Setzen wir uns doch lieber gleich hier auf die Bank.« Leon schaltete sein Handy wieder ein und blickte konzentriert aufs Display.

»Hast du weitere Hass-Nachrichten erhalten?«, fragte Amélie mitfühlend.

»Keine E-Mails, aber auf Social Media beleidigt mich ein gewisser @nevs seit Tagen.«

»Ich nehme an, du kennst ihn nicht, oder?«

»Der Account hat weder Fotos, Beiträge noch weitere Infos. Und der Name @nevs sagt mir auch nichts.«

»Könnte sich der Angreifer aus dem Stadtpark hinter diesem Pseudonym verstecken?«, dachte Sam laut.

»Das glaube ich nicht.« Leon steckte das Handy mit einem Seufzen weg. »Es gibt so viele Hasskommentare gegen mich im Netz, dass dies nun wirklich eine gewagte Annahme wäre.«

»Warum blockierst und meldest du ihn nicht wenigstens?«, fragte Matteo.

»Das ist mir einfach zu viel Aufwand. Ich konzentriere mich lieber auf Wichtigeres, zum Beispiel auf dieses Sandwich.« Leon lächelte. »Danke, Lena!«

Lichtspektakel mit dunklem Ausgang

»Schade, dass Leon keine Zeit gefunden hat, aber selbstverständlich darfst du an seiner Stelle hier teilnehmen«, sagte der Leiter des Kongresszentrums freundlich, der kurz zuvor die rund sechzig Gäste bei der Bergstation der Gämshorn-Gondeln begrüsst und zum Vorweisen der Tickets aufgefordert hatte. »Wie heisst du denn?«

»Matteo Bertone.«

»Einer der Söhne von Claudio und Monica vom Hotel Regina?«

»Genau, aber woher kennen Sie meine Eltern?«

Wirz kratzte sich am fast kahlen Hinterkopf. »Unter Gleichgesinnten kennt man sich. Die Hoteliers sind genauso für den Tourismus wie meine Frau und ich. Und sie befürworten die Rettung des Firstgletschers, den wir sogleich in voller Pracht erleben werden. Viel Spass!«

Matteo war nach dem Picknick vor dem Kongresshaus auf die Lärchenalp zurückgekehrt und hatte seinen Eltern im Hotel geholfen. Im Herbst gab es bei schönem Wetter wegen der vielen Wanderer jeweils alle Hände voll zu tun, und die Eltern waren froh, wenn Matteo sie tatkräftig unterstützte. Sie hatten aber auch keinen Moment gezögert, ihm den Ausflug zum Lichtspektakel in der Gletschergrotte zu erlauben, worauf er um halb sieben Uhr zusammen mit weiteren geladenen Gästen zum Gämshorn hochgefahren war, wo Wirz sie gondelweise in Empfang genommen hatte.

Matteo freute sich darauf, die Grotte bunt beleuchtet zu erleben. Er gesellte sich zu Paula Roth, die er kurz zuvor unter den Wartenden entdeckt hatte.

»Hallo Frau Roth, erkennen Sie mich wieder? Ich war am Samstag mit Leon und meinen Freunden bei Ihnen in der Rautalhütte.«

»Ja, ich erinnere mich. Und du bist ...?«

»Matteo. Ich dachte, künstliche Eisgrotten gefielen Ihnen nicht ...«

Paula lachte. »Stimmt, aber die Einladung wollte ich trotzdem nicht ausschlagen. Das wäre unhöflich gewesen. Und man weiss ja, dass an solchen Konferenzen die wichtigen Gespräche immer inoffiziell laufen, also muss man als Politikerin hier dabei sein.« Sie zwinkerte ihm verschwörerisch zu.

Matteo schaute sich um, wobei sein Blick an weiteren bekannten Gesichtern hängenblieb. Glaziologin Emma Kraus war genauso anwesend wie Sven Halmstad, einer der Hoteliers der Lärchenalp, der an vorderster Front für die Beschneiungsanlagen und die Vliese für den Gletscher kämpfte. Matteo winkte ihm lächelnd zu, auch wenn das Hotel Arvenhof für das Hotel seiner Eltern ein Konkurrenzbetrieb war. Unter den vier Hoteliers der Lärchenalp herrschte zwar Wettbewerb, doch man begegnete sich freundlich und respektvoll. Halmstad erwiderte Matteos Gruss und widmete sich wieder dem Gespräch mit Walter Bodmer, dem Grossaktionär der Bergbahnen, den Amélie und Sam kürzlich als möglichen Verdächtigen neben Anna Sander erwähnt hatten.

Misstrauisch musterte Matteo den grossen, sportlichen Mann, den er auf Mitte fünfzig schätzte. Ein kalter Schauer lief ihm über den Rücken. Könnte sogar Bodmer selbst der Angreifer gewesen sein? Die Grösse und der Körperbau würden ungefähr hinkommen, dachte er. Nur die Kleidung, die der Angreifer im Park getragen hatte, wollte nicht so recht zum Mann im Anzug mit edlem Wintermantel passen. Aber vielleicht war der jugendliche Modestil im Park ja genau die beabsichtigte Tarnung gewesen. Matteo fürchtete, dass Bodmer ihn wiedererkennen könnte, weshalb er nur aus sicherer Distanz beobachtete, wie der Grossaktionär und Halmstad während des ganzen Fussmarsches hinüber zur Eisgrotte angeregt miteinander sprachen und zum Teil wild gestikulierten.

Die Gäste warteten vor dem Eingang zu der in völliger Dunkelheit liegenden Eisgrotte. Matteo vermutete, dass dies so beabsichtigt war, um den Effekt des Lichtspektakels noch zu verstärken. Er schlang die Arme um sich. Warum hatte er keine dickere Jacke angezogen? Er wusste ja, wie empfindlich kühl es um halb acht Uhr abends auf knapp 3000 Metern im Oktober werden konnte.

Die Menge setzte sich in Bewegung Richtung Grotte, die nun mit spärlichem, weissem Licht beleuchtet war.

Matteo trat als Letzter ein, gleich hinter Bodmer und Halmstad, zu denen sich inzwischen auch Glaziologin Kraus gesellt hatte. Die minus 1.5 Grad in der Eisgrotte bedeuteten diesmal kaum einen Temperaturunterschied zu draussen. Matteo fröstelte noch immer.

Wirz bat die Gäste, zum grössten aus dem Eis gehauenen »Raum« ganz hinten in der Grotte weiterzugehen, und wartete, bis alle dort angekommen waren.

Plötzlich durchzuckte ein greller Blitz die Höhle.

Es waren spitze Schreie zu hören, auch weil die Grotte danach für wenige Augenblicke wieder ganz im Dunkeln lag.

Bevor jedoch die ersten gezückten Handys Licht ins Dunkel bringen konnten, setzte eine leise Melodie – gespielt von einer einzelnen Violine – ein, begleitet von einem heller werdenden rötlichen Schimmer, der die Eiswände wie bei einem Sonnenaufgang in zauberhaftes Licht tauchte. Das Spektakel hatte begonnen und versprach, aussergewöhnlich und magisch zu werden.

Die Gesichter der erschreckten Gäste hatten sich wieder entspannt, und die Handys waren zurückgesteckt worden. Gebannt verfolgte die Menge nun die Inszenierung mit Musik und Licht, wobei nicht nur die Farben immer intensiver und lebendiger wurden, sondern sich auch die feine Violinstimme mit weiteren Streichinstrumenten vermischte. Bald war ein ganzes Orchester zu hören, dessen furioses Stück zu den nun schnell wechselnden Farben und Eindrücken passte.

Nach dem virtuosen Finale wurde es in der Eisgrotte zusammen mit dem letzten Paukenschlag dunkel. Die Menge klatschte begeistert, bis weisses Scheinwerferlicht anging und Wirz wie ein

Schauspieler auf einer grossen Bühne in den Lichtkegel trat und sich verbeugte.

Wahrlich, ein eindrücklicher Auftritt, dachte Matteo, den Wirz' Gehabe allerdings auch ein wenig anwiderte, schliesslich hatte dieser selbst ja wohl nicht wirklich viel geleistet. Den von ihm abgeholten Beifall hätten eher diejenigen verdient, welche die Eishöhle herausgeschlagen, das Stück komponiert und die Lichtshow inszeniert hatten. Dennoch riefen die Versammelten begeistert »Bravo«, und Wirz sonnte sich noch ein wenig im Rampenlicht, bevor er die Gäste bat, sich langsam wieder zurück zum Ausgang zu bewegen.

Matteo stand ganz hinten im Raum neben einem aus dem Eis gehauenen Block, der fast wie ein Altar in einer Kirche wirkte. Er strich mit seinen Fingern über die kalte Oberfläche und wartete, bis sich der Stau beim Ausgang aus dem hintersten Raum lichtete. Dicht vor ihm, auf der anderen Seite des Eisaltars standen Bodmer, Kraus und Halmstad.

Als sich Matteo kurz bückte, um die Schnürsenkel seiner halbhohen Winterboots zu binden, schnappte er Bodmers leise, aber eindringliche Worte auf: »Bitte wartet noch! Hier sind wir allein. Ich muss euch etwas sagen.«

Matteo entschied blitzschnell, den Kopf unten zu behalten und vorläufig in Deckung zu bleiben.

Bodmer hatte ihn wohl nicht gesehen und dachte, sie seien die Letzten im Raum.

»Was ist denn, Walter?«, fragte Halmstad.

»Es geht um das Podium am Donnerstag«, raunte Bodmer.

Matteo konnte jedes Wort genau verstehen. Er drückte sich an den Eisaltar und konzentrierte sich auf das Gespräch, das sicher nicht für fremde Ohren bestimmt war. Und handelte es sich beim Podium am Donnerstag nicht um jenes, an welchem auch Leon teilnehmen sollte? Matteo musste wissen, was Bodmer der Glaziologin und dem Hotelier mitteilen wollte.

»Ihr kennt doch den Tanner, oder?«, fuhr Bodmer fort und klang dabei feindselig.

»Jeder kennt ihn«, erwiderte Halmstad. »Ein aufdringlicher Kerl, der sich am liebsten selbst zuhört.«

Matteo ballte die Fäuste. Wie konnte Sven nur so abschätzig über Leon sprechen!

»Ich mag ihn«, widersprach Emma Kraus. »Er ist einer von den Guten und setzt sich wie ich für die Umwelt ein.«

Matteo drückte sich noch näher ans Eis.

»Mag ja sein, aber das interessiert mich nicht«, brummte Bodmer. »Der Kerl ist fähig, die ganze Presse gegen unser schönes Projekt hier am Firstgletscher aufzubringen. Wenn der bloss nichts Falsches sagt am Donnerstag!«

Matteo zuckte zusammen. Das klang genau wie die Drohung, die der Angreifer im Park gegen Leon ausgesprochen hatte! Nur die Stimme, die war wohl doch eine andere ... Oder täuschte er sich?

»Was willst du uns denn damit sagen?«, fragte Halmstad.

»Nun, beim Podium am Donnerstagnachmittag werden ja konkrete Massnahmen besprochen, um Gletscher vor dem Abschmelzen zu bewahren. Und da ihr ebenfalls als Gesprächsteilnehmer auf der Bühne seid, wäre ich froh, wenn ihr das Projekt hier etwas aus der Schusslinie halten könntet, falls Tanner die Schneekanonen und Vliese hier oben zu kritisieren beginnt.«

Daher wehte also der Wind, dachte Matteo. Bodmer versuchte, Leons Diskussionspartner zu beeinflussen.

»Warum sollte der Junge das tun?« Kraus schien sich zu ärgern.

»Paula Roth hat so etwas angedeutet«, antwortete Bodmer. »Ich weiss nicht, ob sie es als Drohung mir gegenüber meinte. Ihr kennt sie ja, diese unverbesserliche Grüne!«

Oh nein, hätte Paula doch bloss nichts gesagt! Matteo versuchte, seine klappernden Zähne unter Kontrolle zu bringen. Da hatte die grüne Politikerin dem gleichgesinnten Leon wohl eher geschadet. Vielleicht war diese Bemerkung ja sogar der Auslöser für die Drohung und den Angriff im Stadtpark!

»Ich finde Paula Roth eine sehr ehrliche Politikerin«, konterte Kraus, »und möchte völlig offen in die Diskussion am Donnerstag gehen.«

»Entschuldige, Emma!«, sagte nun Sven Halmstad, wobei er seinen ganzen Charme in die Stimme zu legen versuchte. »Du weisst, ich finde dich als Glaziologin und Frau wunderbar, aber so langsam weiss ich nicht mehr, auf wessen Seite du stehst. Bist du denn nicht auch für die Massnahmen, um diesen Gletscher zu retten?«

»Spar dir das Gesülze von wegen wunderbarer Frau, Sven! Ich spreche hier als Glaziologin, und als solche begrüsse ich jede erdenkliche Massnahme, um auch nur einen einzigen Gletscher zu erhalten. *Das* ist mein Standpunkt.« Sie hatte sich in Rage geredet, wie Matteo feststellte. »Euer Geld und der Tourismus interessieren mich einen feuchten Dreck!«

Matteo hörte Schritte, die sich schnell entfernten. Emma Kraus hatte den beiden Männern aber so richtig die Meinung gegeigt!

»Du magst die Kleine wohl?«, fragte Bodmer in anzüglichem Ton.

»Ach, hör doch auf! Ja, ich finde Emma nett, mehr nicht. Dein Bestechungsversuch ist ihr gehörig in den falschen Hals geraten.«

»Bestechungsversuch?« Bodmer spielte den Entrüsteten.

»Nenn es, wie du willst. Auf mich kannst du jedenfalls zählen am Donnerstag!«

»Danke dir, Sven. Es soll dir nicht schaden ... Von diesem Klugscheisser Tanner lassen wir uns sicher nicht das Geschäft verderben.«

»Dem müsste eigentlich mal jemand die Fresse polieren, sonst denkt der noch, er sei wirklich der Grösste«, knurrte Sven.

»Du weisst, ich bin gegen Gewalt, aber recht hast du ...« Bodmer lachte vieldeutig.

Ungläubig schüttelte Matteo den Kopf.

War da tatsächlich von angedrohter Prügel für Leon gesprochen worden? Bodmer und Halmstad wurden immer verdächtiger! Matteo hörte, wie sich die zwei Männer nun ebenfalls zum Ausgang begaben.

»Ach, Sven, noch zu den Frauen ...«, bemerkte Bodmer selbstgefällig. »Die Energischen wie die Kraus sind die Tollsten. Ich stehe ja auf die Sander. War grad letzten Sonntagabend bei ihr. Rein geschäftlich versteht sich ...«

Matteo konnte den Rest des Satzes nicht mehr verstehen, hatte aber genug gehört. Auch das passte! Bodmer war am Sonntagabend bei Lenas Mutter gewesen! Und am Montagmorgen hatte Dali die Spur der Baseballkappe bis zu den Sanders zurückverfolgen können. Bodmer musste mit dem allem zu tun haben ... kein Zweifel!

Wie viel Zeit war vergangen, seit die Männer die Eisgrotte verlassen hatten? Matteo wollte ihnen genügend Vorsprung geben, fühlte sich in seiner Haut aber zunehmend unwohl. Ganz alleine in der Eisgrotte wirkten die spärlich beleuchteten Gänge irgendwie enger und die Schatten bedrohlicher. Nervös blickte er sich um, bevor er aufstand und Richtung Ausgang eilte.

Plötzlich ging das Licht aus.

Was war los? Matteos Herz schlug schneller. Die hatten die Beleuchtung ausgemacht! Er griff nach seinem Handy und registrierte mit Entsetzen, dass der Akku-Stand bei nur noch drei Prozent lag.

Die Kälte hatte also nicht bloss ihm zugesetzt. Die Batterieladung würde kaum mehr zum Einschalten der Taschenlampen-App reichen! Matteo drückte dennoch drauf und sah die Anzeige auf 1 Prozent springen. Er musste wenigstens den Eisstollen finden, der zum Ausgang führte. Hektisch liess er den Strahl der Lampe über die Wände gleiten. Da war er!

Weit vorne hörte Matteo ein dumpfes Geräusch.

Die werden doch nicht die Tür geschlossen haben?

Matteo fühlte Panik in sich aufsteigen.

Was sollte er tun, wenn er tatsächlich eingesperrt worden war? Geistesgegenwärtig schaltete er die Taschenlampe wieder aus und steckte das Handy unter seinen Pullover, um es zu wärmen. Dieses eine Prozent Batterieladung konnte entscheidend sein. Schlagartig wurde Matteo bewusst, dass er sich in einer lebensbedrohlichen Situation befand. Wem würde auffallen, dass er fehlte? Wohl niemandem? Und seine Eltern? Die arbeiteten oft bis weit nach Mitternacht und fielen dann müde ins Bett, ohne nochmals nach Matteo zu sehen. Er würde vielleicht bis morgen früh hier ausharren müssen. Jetzt war acht Uhr. Bis die Grotte wieder öffnete, würden also dreizehn Stunden vergehen – bei Temperaturen unter dem Gefrierpunkt konnte das wirklich gefährlich sein. Und er fror bereits!

Matteo atmete tief durch und versuchte, einen klaren Gedanken zu fassen. Was sollte er tun? Er wagte einen Blick aufs Display seines Handys und erschrak erneut.

Keine Verbindung! Er würde niemanden anrufen und keinem eine Nachricht senden können.

Bloss nicht aufgeben, sagte er sich. Vielleicht war die Tür ja gar nicht verschlossen. Es galt nun erst einmal, sie zu finden. Und eventuell gäbe es ja dort eine Verbindung für sein Handy. Oder er würde an die Tür hämmern und darauf hoffen, dass noch jemand draussen stand. Diese Möglichkeit verwarf Matteo allerdings schnell wieder, denn bestimmt waren die Gäste sofort zu den Gondeln geeilt und zurück ins Tal gefahren.

Vorsichtig bewegte sich Matteo den Wänden entlang.

Es herrschte völlige Dunkelheit, sodass Matteo sich einzig auf seinen Tastsinn verlassen konnte. Wie viele Meter war er schon gegangen? Fünf oder zwanzig? Es war ihm absolut unmöglich, das Gefühl für Distanzen zu wahren. Bald musste doch diese Tür kommen?

Plötzlich griff Matteo ins Leere. Was war das? Eine Abzweigung? Er konnte sich nicht an sie erinnern, wollte aber auf keinen Fall im Kreis gehen. Also legte er sich auf den Boden, wobei er mit dem Fuss an der ertasteten Ecke der Weggabelung den Kontakt aufrechterhielt und seinen Körper wie einen Zirkel nutzte. Er hoffte inständig, so die Wand nach der Abzweigung ertasten zu können. Mittlerweile schwitzte Matteo vor Aufregung und Anspannung. Er wusste, dass dies nachher nur noch mehr Frieren bedeuten würde, und verfluchte sich dafür, nicht ruhiger bleiben zu können.

»Komm schon, Wand!«, ächzte er.

Matteo stellte sich vor, wie unmöglich seine Verrenkung bei Licht aussehen würde, und musste trotz der misslichen Situation innerlich lachen.

»Irgendwo musst du doch sein!«

Er tastete zentimeterweise weiter von links nach rechts, bis seine Finger tatsächlich an eine Eiswand stiessen.

»Na also, geht ja.«

Er fand es ganz tröstlich, mit sich selbst zu sprechen. Irgendwie fühlte er sich dabei weniger allein.

Mit frischem Mut folgte Matteo der gefundenen Wand, bis er auf die schwere Eichentür traf.

»Gott sei Dank!«, murmelte Matteo. »Und nun lass sie bitte unverschlossen sein!«

Ungeduldig tastete er die Tür ab, fand aber keine Klinke, sondern nur einen eisernen Ring, den er mit beiden Händen umfasste. Doch so sehr er auch an ihm zog oder ihn drückte, die Tür bewegte sich nicht.

»Mann, das darf einfach nicht wahr sein!« Matteo hämmerte an die Tür. »Hört mich jemand da draussen?«, schrie er.

Es nützte nichts. Niemand konnte ihn hören.

Matteo schluckte leer.

Dann blieben also nur das Handy und die Hoffnung, dass es hier vorne am Eingang der Eisgrotte wenigstens ein bisschen Empfang haben würde. Er zog sein Handy unter dem Pullover hervor. Die Batterieanzeige stand noch immer bei einem Prozent. Die vier Balken oben im Display, welche die Verbindungsstärke angaben, zeigten aber weiterhin null an.

Verzweifelt bewegte Matteo das Handy in verschiedene Richtungen.

Da!

Wenn er es ganz nah an die Tür hielt, zeigte es einen Balken Verbindungsstärke an!

Matteo schöpfte Hoffnung. Mit zittrigen Fingern drückte er auf Sams Nummer. Hoffentlich hielt die Akku-Ladung genug lange durch!

Es tutete ... einmal, zweimal ..., dann klickte es in der Leitung und Sams Stimme war zu hören.

»Matteo?«

»Sam, ich kann nicht lange sprechen, mein Handy hat nur noch ein Prozent ...«

»Ich verstehe dich kaum. Wo bist du?«

»In der Eisgrotte. Hilf mir, ich bin eingesperrt worden. Du musst jemanden anrufen, um mich raus ... Sam? Hörst du mich?« Matteo blicke auf sein Handy. Es hatte mitten im Satz abgestellt.

Wie lange war es her, seit er Sam angerufen hatte? Zwanzig Minuten oder länger? Matteo stand an die Eichentür gelehnt und stellte fest, dass er das Gefühl für Zeit bereits zu verlieren schien. Es war stockdunkel und das Warten schier unerträglich. Hatte

Sam ihn eventuell gar nicht verstanden? Würde er dann hier tatsächlich zwölf weitere Stunden ausharren müssen? Oder bemerkte Paula Roth, dass er fehlte? Würden sich seine Eltern Sorgen machen?

Auf jeden Fall durfte er nicht einschlafen, das war sicher. Er hatte in Filmen gesehen, wie Menschen mehrere Tage bei Extremtemperaturen überlebt hatten. Wer aber einschlief, hatte verloren. Er musste sich also bewegen.

Matteo machte ein paar Schritte von der Tür weg und gleich wieder zurück. Er hatte sich überlegt, am besten immer auf den Beinen zu bleiben, um nicht einzuschlafen, und sich dabei nicht an die Eiswand, sondern an die etwas weniger kalte Holztür zu lehnen.

»Eins, zwei ...«, begann Matteo halblaut zu zählen, um einerseits Beschäftigung zu haben und anderseits immer bei hundert wieder seine paar Schritte zu machen.

Bei tausendvierhundertelf wurde Matteo durch ein lautes Geräusch aus dem konzentrierten Zählen gerissen.

Was war das gewesen?

Es hörte sich an, als wäre jemand auf der anderen Seite der Tür.

»Hilfe«, schrie Matteo und hämmerte mit dem schweren Eisenring an die Eichenbretter, um sich bemerkbar zu machen.

Er hörte einen Riegel, der zurückgeschoben wurde, dann öffnete sich die Tür knarrend, und er blinzelte in den grellen Strahl einer Taschenlampe.

»Um Himmels willen, da ist ja tatsächlich noch jemand drin!«, sagte der Mann – ein Mitarbeiter der Bergbahn, wie Matteo nun erkannte. »Was machst du für Sachen, mein Junge?«

Vor Erleichterung stiegen Matteo die Tränen in die Augen. »Danke«, stammelte er mit belegter Stimme und taumelte ins Freie.

Falsche Fans

Als sich die MounTeens am nächsten Morgen um neun Uhr vor dem Kongresshaus trafen, um gemeinsam mit Leon ein weiteres Mal an Veranstaltungen der Gletscherkonferenz teilzunehmen, gab es nur ein Thema: Matteos Abenteuer in der Eisgrotte. Während sie auf Leon warteten, berichtete Matteo den anderen, was er gehört und erlebt hatte. Das Detail mit Bodmer, der sich am Sonntagabend offenbar mit Lenas Mutter getroffen hatte, liess er allerdings bewusst aus.

»Du bist unglaublich, Berti!«, sagte Amélie. »Ich wäre gestorben vor Angst.«

»Er heisst nun nicht mehr Berti, sondern Yeti!«, spasste Sam. »Er ist unser Held aus dem Eis!«

»Idiot!« Matteo boxte Sam freundschaftlich in den Oberarm und wandte sich an Amélie. »Das Ganze war gar nicht heldenhaft. Ich hatte echt Angst!«

»Aber wie kamst du am Schluss raus?«, fragte Lena.

»Weil sein bester Freund ihn rettete«, prahlte Sam.

»Inwiefern?«

»Matteo rief mich mit dem letzten Prozent seines Batteriestandes aus der Eishöhle an. Das Gespräch dauerte deshalb auch nur dreizehn Sekunden und brach mittendrin ab. Ich verstand eigentlich gar nichts, ausser ›eingesperrt‹, und kombinierte dann wie so oft richtig.«

»Du Bluffer!«, tadelte ihn Amélie. »Sag lieber, was du unternommen hast.«

»Okay, ist ja gut. War nur Spass. Natürlich habe ich mir Sorgen gemacht um unseren Yeti-Berti und habe seine Eltern angerufen. Ich klärte ab, ob er zuhause sei. Matteos Vater meinte dann, er sei beim Lichtspektakel, worauf ich die Eltern mal noch nicht weiter beunruhigen wollte und weitertelefoniert habe. Als Nächstes habe ich bei den Bergbahnen angerufen und gefragt, ob wohl jemand in der Gondelbahn eingeschlossen sein könnte, also ob die Bahn zum Gämshorn noch fahre. Er hat mich erst für einen Spinner gehalten, mir dann aber doch die Handynummer des Mitarbeiters gegeben, der oben auf dem Gämshorn Dienst hatte. Meier hiess er, glaube ich. Als er mir mitteilte, die Gondelbahn transportiere noch immer Gäste hinunter und da könne niemand eingeschlossen sein, war für mich klar, dass Berti nur in der Eisgrotte sein konnte. Meier hielt das zwar für völlig unmöglich, weil sie schliesslich auf die letzten Besucher warten würden, bevor sie das Licht löschten und die Eingangstür verriegelten, aber er liess sich dazu überreden, nochmals nachzuschauen.«

»Du hast Matteo tatsächlich gerettet«, murmelte Amélie.

»Ich bin dir echt dankbar, Mann!« Matteos Erleichterung war noch immer spürbar. »Ich weiss nicht, ob ich es dort drin bis heute Morgen um neun Uhr ausgehalten hätte! Ich wäre entweder durchgedreht oder erfroren.«

Amélie sah Sam wieder etwas freundlicher an.

»Ich gebe zu, das hast du ganz gut hingekriegt, aber bilde dir bloss nichts darauf ein!«

»Sprechen wir mal über deine neuen Ermittlungsergebnisse, Matteo«, sagte Lena sachlich. »Es ist ja doch überaus verdächtig, was Halmstad und Bodmer so gesagt haben. Und vor Frau Kraus ziehe ich meinen Hut.«

»Wo du sie gerade erwähnst, da sitzt sie!« Sam zeigte auf ein Café neben dem Kongresszentrum, wo Halmstad und Kraus an einem kleinen Tisch sassen und sich offenbar wieder vertrugen.

Lena legte ihre Stirn in Falten. »Ich denke schon die ganze Zeit darüber nach, wieso es mich nicht überrascht, dass Sven ein Komplize oder Täter sein könnte.«

»Weil du ihn nicht magst, seit er deiner Mutter mal Komplimente machte?«, erwiderte Sam direkter als geplant.

»Ach was, der macht sowieso jeder Frau Komplimente. Schau ihn dir doch an, den alten Charmeur. Frau Kraus ist bestimmt zwanzig Jahre jünger. Es ist nicht, weil ich ihn nicht mag ...«

»Der Angreifer vom Stadtpark kann er auch nicht sein. Dafür ist er nicht genug gross und sportlich«, bemerkte Matteo.

»Nein, aber wie hängt er mit drin? Sein Hass gegen Leon ... ich glaube ... das passt ... ja, ich hab's!«

»Was hast du?«, fragten die drei anderen wie aus einem Mund.

»Ich habe wieder mal – wie so oft – richtig kombiniert«, spottete Lena mit Seitenblick zu Sam, dessen Worte und Stimme sie imitiert hatte.

Sam lachte. »Schiess los, du Superhirn!«

»Buchstabiert mal ›Sven‹ rückwärts.«

»N-E-V-S«, sagte Matteo. »Und jetzt?«

»Klingelt es nicht?«, forderte Lena die anderen heraus.

»Bei mir nicht.« Sam schüttelte den Kopf.

»Natürlich, du bist genial«, rief Amélie und klatschte in die Hände. »Der anonyme Nutzer, der Leon auf Social Media seit Tagen so beschimpft!«

»@nevs!« Sam nickte. »Das ist er!«

Lena schaute triumphierend in die Runde.

»Sagen wir mal, dass sich die Indizien verdichten, aber das ist natürlich kein Beweis!«, wandte Matteo ein.

»Wo ist eigentlich Leon?«, fragte Amélie besorgt. »Es ist bereits zehn nach neun, und er ist noch immer nicht hier.«

»Er wird schon kommen. Lasst uns die Zeit nutzen, um Sven ein wenig auf den Zahn zu fühlen.« Lena rieb sich die Hände. »Ich habe da so eine Idee ...«

»Was meinst du zu ihrem Plan?« Matteo war mit Sam zurückgeblieben, während sich die Mädchen Richtung Tisch von Kraus und Halmstad aufgemacht hatten.

Sam zuckte mit den Schultern. »Ist einen Versuch wert, denke ich. Da wir Sven ja von der Lärchenalp her kennen, ist es nicht aussergewöhnlich, dass wir so direkt auf ihn zugehen. «

Matteo nickte. »Und Frauen mag er bekanntlich ...«

»Ja, war sicher richtig, dass es Amélie und Lena versuchen. Mal schauen, was sie erreichen.«

»Hallo Sven, hallo Frau Kraus«, grüssten Amélie und Lena und taten so, als hätten sie Halmstad und die Glaziologin zufällig entdeckt. Sie traten zum Tisch und setzten Lenas Plan in die Tat um. »Wir haben Sie gestern beim Podium gesehen, Frau Kraus, und waren sehr beeindruckt.«

»Das freut mich. Toll, dass ihr euch überhaupt für Gletscher interessiert. Und sagt doch Emma zu mir.«

»Ja, wir sind so etwas wie Gletscherfans und folgen auch diversen Wissenschaftlern auf Social Media«, log Lena. »Dürfen wir erfahren, wie dein Name auf den sozialen Netzwerken lautet?«

»Aber sehr gerne«, antwortete Emma Kraus geschmeichelt. »Ich poste unter @ekraus, allerdings nicht nur Dinge zu Gletschern.«

»Dürfen wir dir trotzdem folgen?«, fragte Amélie.

»Selbstverständlich.«

»Postest du auch Dinge, Sven?« Lena leitete zum eigentlichen Ziel der Aktion über.

»Selten.« Sven schlürfte seinen Kaffee.

»Du bist @nevs, oder? Dem folge ich nämlich bereits.«

Sven hustete. Er hatte sich offenbar verschluckt.

»Postest du auch manchmal zu Gletschern, zum Firstgletscher und so?«, fuhr Amélie fort.

»Ja, als ich das Crowdfunding für die Vliese gestartet habe, nutzte ich die sozialen Medien häufig.«

Emma legte ihm die Hand auf den Arm. »Das musst du wohl erklären, Sven. ›Crowdfunding‹ versteht nicht jeder.«

»Gerne. Die Tücher, die den Gletscher bedecken sollen, kosten ja eine schöne Stange Geld. Da habe ich öffentlich dazu aufgerufen, dass alle einen kleinen Geldbetrag spenden. Man konnte wählen zwischen einem, zehn, hundert Franken oder einem freien Betrag. So ist einiges zusammengekommen. Versteht ihr das Prinzip?«

»Ja, danke.« Lena startete den nächsten Angriff. »Von den Vliesen sind aber nicht alle so begeistert, oder?«

»Insbesondere der Tanner nicht, habe ich gehört«, erwiderte Sven mürrisch.

Emma sah ihn tadelnd an. »Jetzt fang nicht schon wieder an.«

»Ist doch wahr«, sagte Sven leise. »Von mir aus könnte der verschwinden.«

Nachdem sich Amélie und Lena verabschiedet hatten, kehrten sie zur Parkbank zurück, auf der Matteo und Sam auf sie warteten. Sie schilderten den Gesprächsverlauf in knappen Worten.

»Er hat sich also verschluckt, aber nichts dazu gesagt, ob er @nevs sei, richtig?«, fragte Sam nach.

»Ja, er hat allerdings nachher erwähnt, dass er durchaus Dinge poste.« Lena nahm ihr Handy hervor. »Lasst mich kurz suchen ...

Nein, @nevs hat bisher gar keine Beiträge gepostet. Sven muss wohl noch ein anderes Konto haben.«

»Hier.« Matteo zeigte auf sein Handy. »Er ist einfach @sven_halmstad. Wie langweilig!«

»Bewiesen ist damit natürlich gar nichts, doch dass er sich verschluckt hat beim Erwähnen des Namens @nevs, können wir mal als Teilgeständnis verbuchen.« Sam nickte zufrieden und schaute auf seine Uhr. »Aber wo bleibt Leon nur? So langsam mache ich mir Sorgen!«

Wo ist Leon?

»Ich hoffe, es ist alles in Ordnung«, sagte Amélie, als sie vor dem Hotel ankamen. Die MounTeens hatten Leon mehrere Male vergeblich angerufen und dann beschlossen, nachzusehen, wo er blieb.

»Er hat sicher nur verschlafen«, versuchte Matteo die anderen zu beruhigen.

»Das passt nicht zu Leon«, entgegnete Lena. »Dafür ist er zu seriös.«

Amélie stoppte vor der grossen Fensterfront der Hotellobby. »Meint ihr, wir dürfen da einfach rein und bei ihm klopfen?«

»Es ist wohl besser, wenn nur jemand geht.« Lena warf einen prüfenden Blick durch die Scheibe und deutete mit einer Kopfbewegung auf den Mann an der Rezeption. »Das wird ihm gar nicht auffallen. Er kann nicht alle Leute in der Eingangshalle im Auge haben.«

»Ich mach das«, meldete sich Sam, der typischerweise auch vorgeschlagen hatte, lieber aktiv zu werden, als sich beim Kongresszentrum weiter die Beine in den Bauch zu stehen, um auf Leon zu warten. Noch bevor jemand widersprechen konnte, passierte Sam die Drehtür.

Fünf Minuten später kam Sam zurück.

»Und?«, fragten die anderen gespannt.

»Leon ist nicht da«, stellte Sam trocken fest.

»Oder er will nicht öffnen«, gab Amélie zu bedenken.

Matteo rieb sich das Kinn. »Was ist, wenn er nicht öffnen *kann*, weil er ...?«

»Du willst doch nicht etwa andeuten, jemand habe ihn umgebracht ...?«, wisperte Amélie.

»Nein, das meinte ich nicht«, antwortete Matteo schnell. »Aber vielleicht hat er starkes Fieber und kann sich kaum auf den Beinen halten.«

»Hätte er dann nicht wenigstens auf mein Klopfen reagiert und etwas gerufen?«, wandte Sam ein.

»Es nützt alles nichts. Wir brauchen Gewissheit.« Lena hatte vom Rätselraten genug. »Ich habe einen Plan. Kommt mit und lasst mich machen.«

Die MounTeens folgten Lena, die zielstrebig durch die Hotellobby auf den Rezeptionisten zuging.

»Meinst du, sie will ihn einfach so fragen, ob Leon noch im Zimmer sei?«, raunte Sam Amélie zu.

»Wahrscheinlich schon, aber woher soll er das wissen?«, flüsterte Amélie.

»Die haben ja elektronische Zimmerschlüssel, also eigentlich Steckkarten, und können so auf dem Computer ziemlich sicher sehen, wann eine Tür auf- oder zugeschlossen wurde.«

»Wohl wahr, aber bestimmt darf er diese Informationen nicht einfach so preisgeben.«

»Eigentlich nur der Polizei, wenn etwas passiert ist.« Sam sah Amélies entsetzten Gesichtsausdruck. »Doch damit rechnen wir ja nicht«, sagte er beruhigend. »Und vielleicht hat Lena Glück. Es ist immerhin derselbe Mann hinter dem Tresen, der uns hier nun schon mehrfach gesehen hat und uns auch zu Leon aufs Zimmer gehen liess.«

»Guten Morgen!«, grüsste Lena den Rezeptionisten mit einem gewinnenden Lächeln. »Wir sind Leons Freunde, sie kennen uns ja schon.« Sie wartete auf das zustimmende Nicken des Mannes, der kaum vom Computer aufsah. »Leon spricht gleich im Kongresszentrum«, log sie, »hat aber seine Unterlagen vergessen und uns geschickt, um sie zu holen.«

»Kein Problem«, antwortete der Mann. »Holt sie euch einfach.«

»Das Problem ist, dass wir in der Aufregung nicht daran gedacht haben, die Zimmerkarte mitzunehmen.«

Erst jetzt schaute der Rezeptionist Lena an und wirkte mit einem Mal vorsichtiger, fast argwöhnisch.

Amélie presste die Lippen zusammen. Das war nun wohl der entscheidende Moment.

Lena setzte wieder ihr Lächeln auf. »Wir verstehen natürlich, dass dies unüblich ist, aber könnten Sie uns mit einer Ersatzkarte eventuell kurz begleiten? Einfach, damit Sie sicher sein können, dass wir nichts anderes mitgehen lassen?«

Schlau gemacht, dachte Amélie. So hatte Lena dem Rezeptionisten den Wind gleich selbst aus den Segeln genommen.

»Nun ja«, der Mann hinter dem Tresen räusperte sich, »ich kenne euch ja schon, und Zeit hat auch gerade niemand ... ich vertraue euch.«

Er hantierte am Computer und überreichte Lena wenig später die gewünschte Ersatzkarte.

»Dauert auch nicht lange«, sagte Lena, nachdem sie sich höflich bedankt hatte.

Die anderen MounTeens folgten ihr zum Hotelaufzug.

»Du wirst jedenfalls nicht mehr rot beim Lügen!«, stellte Matteo mit hörbarer Bewunderung in der Stimme fest, sobald sich die Aufzugstür geschlossen hatte.

»Wir wollen ja niemandem schaden, dann geht das ausnahmsweise«, rechtfertigte sich Lena und drückte den Knopf mit der Nummer zwei.

»Gut gemacht«, lobte Sam.

»Bleibt nur zu hoffen, dass wir Leon damit helfen und ihn nicht in eine unmögliche Situation bringen.« Amélie zweifelte noch immer daran, dass sie hier das Rechte taten.

»Was für eine unmögliche Situation?«, fragte Sam.

Amélie verdrehte die Augen. »Er könnte zum Beispiel mit jemandem im Bett liegen.«

»Mit wem denn?«

Amélie seufzte. Sams Naivität war manchmal nicht zu übertreffen. »Woher soll ausgerechnet *ich* das wissen?. Vielleicht mit seiner Freundin?«

Sam schoss das Blut in den Kopf, als er merkte, was Amélie andeutete. Wie peinlich, dass ausgerechnet sie ihn darüber aufklären musste, wer mit wem im Bett liegen könnte. »Ich wusste gar nicht, dass Leon eine Freundin hat«, versuchte er sich zu retten, machte das Ganze aber nur noch schlimmer.

»Das wissen wir alle nicht, Sam!« Matteo klopfte seinem Freund aufmunternd auf die Schultern, wobei dieser sich wie ein kleines Kind fühlte, dem man die Welt erklärte. »Amélie wollte damit ja nur sagen, dass wir ihn in einem unpassenden Moment überraschen könnten.«

»Hab ich jetzt ja verstanden«, brummte Sam missmutig. »Glaub ich aber nicht.« Er war sichtlich gekränkt.

»Hier ist Zimmer 203«, sagte Lena bestimmt. Sie wollte der Szene ein Ende setzen, indem sie die Karte herausfischte und an die Tür hielt. Es blinkte grün und klickte leise, dann konnte Lena die Tür aufstossen.

Amélie schloss die Augen und betete, dass nicht gleich jemand aufschreien würde. Als sie die Augen wieder öffnete, waren die anderen bereits im Zimmer.

»Er ist nicht hier!«, rief Matteo.

Amélie merkte erst jetzt, dass sie die Luft angehalten hatte. Sie atmete erleichtert aus und trat ebenfalls ein.

Sam stand neben dem Bett, schlug die Decke zurück und berührte das Laken. »Es ist nicht mehr warm. Ich weiss, das klingt seltsam, aber ich denke, so zirka zehn Minuten lang würde man die Wärme sicher noch spüren. Das habe ich mal in einem Film gesehen.«

»Leon ist also schon vor mehr als zehn Minuten aufgestanden.« Matteos Stimme klang leicht spöttisch. »Das war aber anzunehmen, schliesslich wird er ja auch kurz Morgentoilette gemacht haben.«

»Die Zahnbürste ist nur leicht feucht«, rief Amélie aus dem kleinen Badezimmer. »Heute Morgen hat er die Zähne damit sicher nicht geputzt.«

»Das muss nichts bedeuten«, widersprach Lena. »Vielleicht hat er es ja auch einfach vergessen oder ihm fehlte die Zeit dazu. Fällt euch etwas auf, das sich verändert hat, seit wir das letzte Mal hier gewesen sind?«

»Nein, nichts. Alle seine Sachen sind noch hier. Er ist also nicht abgereist.« Sam drehte eine seiner blonden Locken um den Finger. »Wartet ... ich habe eine weitere Lakentheorie ...« Er ging zum Bett, wo er vorher die Decke zurückgeschlagen hatte, um die Wärme zu fühlen. »Seht her. Das Bett ist gemacht. Das Laken ist rundherum noch fein säuberlich unter die Matratze gesteckt.« Sam legte sich hin und kroch unter die Decke. »Wenn ich aber hier schlafen würde ...«

»Sähe das Ganze definitiv nicht so aus, wie wir es vorher vorgefunden haben«, ergänzte Lena. »Zusammen mit Amélies Ergebnis bei der Zahnbürste heisst das eventuell, dass Leon gar nicht hier geschlafen hat! Gut erkannt, Sam!«

»Und wenn sie das Zimmer schon gemacht haben?«, entgegnete Amélie.

»Danach sieht es definitiv nicht aus«, sagte Matteo, dessen Eltern ja selbst ein Hotel führten. »Die Handtücher im Bad wurden zum Beispiel nicht gewechselt. Zudem macht man in einem Hotel dieser Grösse die Zimmer sicher nicht vor zehn Uhr morgens. Check-out ist um elf. Vorher wird kaum begonnen, erst recht nicht in den Zimmern der Gäste, die noch zu bleiben gedenken.« Er prüfte das Bett fachmännisch. »Und selbst gemacht hat Leon das bestimmt auch nicht. Das sieht professionell gemacht aus.«

»Er war also sehr wahrscheinlich gar nicht hier ..., aber weshalb hat er denn nichts mitgenommen?«, murmelte Lena.

»Ich rufe ihn noch einmal an.« Sam wählte Leons Nummer. »Vielleicht ist sein Handy ja auch hier, und wir hören es klingeln oder vibrieren.«

Nach sechsmaligem Tuten war klar: Das Handy war nicht hier, und Leon nahm den Anruf nicht entgegen.

»Lass uns noch kurz im Kongresszentrum anrufen, bevor wir uns wirklich Sorgen machen«, schlug Lena vor. »Vielleicht haben wir uns ja einfach verpasst. Bestimmt wird jemand wissen, ob Leon da ist oder nicht, schliesslich ist er der heimliche Star des Kongresses.«

Matteo kramte sein Handy hervor. »Ich versuche es mal mit der Nummer von Herrn Wirz.«

»Von Wirz, dem Leiter des Kongresszentrums?«, staunte Sam.

»Ja, wir haben uns gestern kurz kennengelernt, und offenbar schätzt er meine Eltern.« Matteo suchte Wirz' Nummer im Internet und hatte ihn wenig später tatsächlich am Telefon. Als er fragte, ob Leon schon am Kongress gesehen worden sei, erhielt er eine Antwort, die ihn erbleichen liess. Nach dem Beenden des Anrufes berichtete Matteo seinen gespannten Freunden mit zittriger Stimme, was er soeben gehört hatte: »Leon hat sich heute Morgen per E-Mail krankgemeldet. Und wisst ihr, was er schrieb? Er fühle sich nicht gut und bleibe deshalb im Hotelzimmer.«

»Da stimmt doch etwas ganz gewaltig nicht«, entfuhr es Lena. »Leon ist verschwunden, eventuell schon seit gestern, hat aber nichts mitgenommen und meldet sich heute Morgen per E-Mail krank. Und uns schreibt er nicht mal eine Nachricht ...? Nein, das alles deutet auf etwas ganz anderes hin.«

Amélie stand die Furcht vor der Wahrheit ins Gesicht geschrieben, als sie sagte: »Leon wurde entführt!«

Heisse Spur in der Kälte

»Wann haben wir Leon zum letzten Mal gesehen?«, fragte Sam, der in den Ermittlermodus gewechselt hatte und dann fast wie sein Vater klang.

»Gestern Mittag beim Picknick nach der Podiumsdiskussion«, antwortete Amélie leise.

»Hatte jemand von euch nachher nochmals mit ihm Kontakt? Ich meine zum Beispiel eine Nachricht von ihm erhalten?«

»Nein.« Alle schüttelten den Kopf.

»Leon ist also irgendwann zwischen gestern Nachmittag und heute Morgen um neun verschwunden.« Sams Blick verfinsterte sich. »Das ist eine lange Zeit.«

»Und wir wissen noch nicht einmal, wo er zuletzt war«, ärgerte sich Lena.

»Seht mal hier!«, rief Matteo plötzlich aufgeregt. »Leons Schuhe.«

»Ja und?« Sam schaute seinen Freund verwirrt an.

»Die hat er gestern Morgen getragen.«

»Bist du dir sicher?«

»Hundertprozentig. Er war also nach dem Picknick nochmals im Hotelzimmer. Das erklärt auch, weshalb das Bett nicht wie frisch gemacht aussah. Er hat sich wohl draufgesetzt und die Schuhe gewechselt.«

»Gut, Berti!« Sam übernahm wieder das Kommando. »Weitere Beobachtungen?«

»Sein Rucksack ist nicht hier«, stellte Amélie fest.

»Handy, Rucksack und Schuhe fehlen, sonst ist alles hier. Er wollte also weder abreisen noch einen grösseren Ausflug unternehmen. Seid ihr einverstanden?« Sam blickte die anderen der Reihe nach an.

Sie nickten.

»Es sieht eher so aus, als hätte er sich zu einem kurzen Spaziergang aufgemacht, oder?«, spann Sam den Faden weiter. »Vielleicht ging er auch etwas Kleines einkaufen. Aber ganz sicher wollte er nicht die Nacht woanders verbringen.« Niemand widersprach ihm. »Ich komme also zum Schluss, dass Leon gestern Nachmittag entführt wurde.«

»Alles logisch, Sam!«, bemerkte Lena, diesmal ohne Spott in der Stimme. »Und daraus folgt ...«

»Dass wir die Schuhe mitnehmen, die Leon gestern getragen hat«, fiel ihr Sam ins Wort, »und wir Dali vor dem Hotel die Spur aufnehmen lassen.« Niemand hatte einen besseren Vorschlag, sodass die MounTeens dem Rezeptionisten die Zimmerkarte höflich dankend zurückbrachten und sich um elf Uhr wieder verabredeten. Sie wollten für die eventuell auch länger dauernde Suche gut ausgerüstet sein und sich zuhause bis am Abend abmelden. Matteo, der sowieso erst zum Abendessen zurückerwartet wurde, ging mit Sam, um den Polizeispürhund abzuholen, der erneut zum Einsatz kommen würde, ohne dass dies Sams Vater erfahren sollte.

»Wir hatten Glück«, sagte Sam, als sich die MounTeens eine Stunde später wieder vor dem Hotel trafen. Er zeigte auf Dali, der angeleint neben ihm stand. »Meine Eltern waren nicht da, sodass Berti und ich nicht erklären mussten, weshalb wir plötzlich Lust auf einen vielleicht längeren Spaziergang mit dem Ferienhund haben.« Er zwinkerte den anderen zu, wurde aber schnell wieder ernst. »Habt ihr Proviant dabei? Man weiss ja nie, wohin uns Dali führen wird.«

Alle waren bereit.

»Sollten wir nicht lieber die Polizei einschalten, Sam?«, fragte Amélie. »Wenn das wirklich eine Entführung ist, dann sind wir doch bestimmt nicht die Richtigen, um da zu helfen ...«

»Grundsätzlich einverstanden«, erwiderte Sam, »aber wir wissen es ja nicht mit Sicherheit. Die Polizei würde mit dem jetzigen Informationsstand jedenfalls noch nicht aktiv werden.«

»Ja, es sind alles nur Vermutungen«, gab Amélie zu. »Es gibt keine Vermisstenanzeige, und Leon hat sich heute Morgen sogar per Mail krankgemeldet, wenn vielleicht auch auf Druck der Entführer ...«

»Dennoch würde die Polizei weiter zuwarten, also lasst uns den Versuch mit Dali noch wagen, bevor wir meinen Vater einweihen.« Die MounTeens waren sich einig und schauten erwartungsvoll zu Dali, der eher gelangweilt an einer Strassenlaterne schnupperte und erst interessiert mit dem Schwanz wedelte, als Sam ihm Leons Schuh unter die Nase hielt. »Such, Dali!«

Eine Stunde später war klar, dass Dali eine Spur gefunden hatte, die genügend heiss schien, um ihr länger zu folgen. Am Anfang hatte sich der Spürhund im Kreis gedreht und dann in verschiedene Richtungen losgesucht. Meist endete die Spur aber entweder beim Kongresszentrum, im Stadtpark oder im Hotel. Erst beim vierten Versuch hatte Dali in eine überraschende, neue Richtung gezogen.

Lena blickte auf die Dächer von Bad Lärchenberg hinunter. »Dali scheint sich sicher zu sein, dass Leon gestern hier heraufkam – seltsam! Was er wohl hier wollte?«

»Ich tippe auf einen etwas grösseren Spaziergang«, sagte Matteo. »Die Frage ist aber, ob er hier oben entführt wurde, oder ob ihn jemand zwang, hier hochzugehen.«

»Eventuell führt uns Dali via Rundwanderweg wieder zurück ins Tal«, gab Sam zu bedenken. »Die Entführung könnte ja auch erst nach dem Spaziergang stattgefunden haben. Bin gespannt, wo Dali bei dieser Verzweigung hinzieht.« Er zeigte auf den Wegweiser, wo klar werden würde, ob Leon dem Höhenweg rund um Bad Lärchenberg gefolgt war oder tatsächlich den Anstieg ins alpine Gelände in Angriff genommen hatte.

Zur grossen Überraschung der MounTeens zögerte der Spürhund keinen Augenblick und zog weiter bergwärts Richtung Rautalgletscher.

»Leon wird doch nicht da hochgegangen sein?«, zweifelte Matteo.

»Jedenfalls ist es nicht der Weg, den wir am letzten Wochenende für die Gletscherbeerdigung genommen haben«, gab Sam zu bedenken. »Sonst hätte ich jetzt gesagt, dass Dali der Spur vom Samstag folgt.« Er schaute auf die Uhr. »Nun ist zwölf. Selbst wenn Leon gestern bis zum Gletscher hochging oder da hinaufgebracht wurde, wäre es für uns heute zeitlich noch zu schaffen, vor der Dunkelheit wieder im Tal zu sein. Seid ihr dabei?«

»Klar, los geht's!«

Die MounTeens waren zügig vorangekommen, hatten aber wegen des angeschlagenen Tempos kaum miteinander gesprochen. Als sie nun für eine kurze Verschnaufpause anhielten, rann ihnen der Schweiss bachweise hinunter, obwohl es oberhalb von zweitausend Metern merklich kühler geworden war. Zwar zeigte sich der Himmel stahlblau, doch die Sonne vermochte die Herbstluft nicht mehr gleich zu erwärmen wie im Sommer, sodass trotz strahlendem Sonnenschein kaum zehn Grad herrschten.

Von Weitem war die Rautalhütte zu sehen. Die farbigen Sonnenschirme und die vielen Leute hatten die Hütte noch vor wenigen Tagen zu einem Ort voller Leben gemacht. Nun stand sie schweigend und grau vor ebenso grauem Hintergrund und wirkte mit ihren geschlossenen Fensterläden und der verriegelten Tür blass, verlassen und bedrohlich.

»Dass ich dieses Jahr nochmals hier hochkomme, hätte ich nicht gedacht«, sagte Matteo. »Hoffentlich ist Leon nichts zugestossen! Es war doch sicher schon dunkel, als er gestern hier durchging.«

Amélie hatte seit Längerem zu zweifeln begonnen. »Meint ihr wirklich, Leon ist so weit gewandert?«

»Er irrt sich nicht.« Sam zeigte auf den Spürhund, der auf dem Bergweg zielsicher und ohne sichtliche Anstrengung Leons Spur zu folgen schien. Immer wieder blickte er auffordernd zurück. Es war fast so, als wollte er ihnen signalisieren, dass er schon wisse, was er hier tue. Und als ihm Sam wiederholt den Schuh hinhielt, um daran zu schnüffeln, wirkte er jeweils fast beleidigt und zog noch heftiger an der Leine.

»Ich denke schon die ganze Zeit darüber nach, was passiert sein könnte«, begann Lena. »Angenommen, Leon war gestern tatsächlich hier, gibt es eigentlich nur zwei Möglichkeiten.«

»Schiess los, Lena!«, sagte Amélie. »Auf welche bist du gekommen?« Sie fischte ihre Wasserflasche aus dem Rucksack und setzte zum Trinken an.

»Erste Variante: Leon wurde gezwungen, hier hochzugehen. Jemand sperrte ihn irgendwo ein, zum Beispiel in der Rautalhütte, um Lösegeld zu erpressen oder um ihn einzuschüchtern.«

Amélie nahm einen kräftigen Schluck aus der Flasche.

»Zweite Variante: Leon wurde entführt und ist nicht eingesperrt worden. Dann wollte ihn jemand ganz verschwinden lassen und es als Bergunfall tarnen. In diesem Fall führt uns Dali wohl zu seiner Leiche.«

Amélie spie das Wasser explosionsartig wieder aus und protestierte lautstark: »So etwas dürfen wir nicht einmal denken!«

Sam wollte Amélie in den Arm nehmen, um sie zu beruhigen, doch sie entzog sich der Berührung.

»Da mache ich nicht mit!«, schrie sie. »Ich suche keine toten Freunde!« Die Tränen stiegen ihr in die Augen, worauf Sam erneut versuchte, Amélie leicht an sich zu drücken. Dieses Mal wehrte sie sich nicht und vergrub ihr Gesicht in seiner rechten Schulter, bevor sie laut schluchzte. Ihr ganzer Körper zitterte.

Sam strich ihr übers Haar. Das hatte er sich noch nie getraut und wäre ihm wohl in jeder anderen Situation irre aufregend vorgekommen, doch heute fehlte der Berührung jegliche Romantik. »Wir glauben alle an Variante eins, Amélie. Leon lebt bestimmt noch!« Sam hielt Amélie an den Schultern und schob sie leicht von sich weg, damit sie ihn anschaute. Ihre verweinten Augen konnte er kaum ertragen. Er musste etwas Tröstendes sagen: »Guck dir Dali an. Er möchte unbedingt weitergehen. Und er zieht genau in Richtung Hütte. Wir sollten uns dort umsehen!«

Ungleicher Kampf

»Was ist eigentlich, wenn Leon tatsächlich in der Rautalhütte ist, sein Entführer aber auch?«, fragte Matteo, nachdem sich die MounTeens – nur noch hundert Meter vom Gebäude entfernt – hinter einem grossen Felsen versteckt hatten.

»Dann wäre es besser, wenn wir die Polizei riefen«, antwortete Amélie, die sich wieder gefasst hatte.

»Auf jeden Fall dürfen wir uns nicht verraten und zu viert mit Dali um die Hütte streifen«, erwiderte Sam. Das würde sicher auffallen. Bisher denke ich, dass man uns nur per Zufall hätte entdecken können. Die Felsen hier überall haben uns guten Schutz geboten.«

»Mir ist übrigens noch etwas eingefallen.« Lena nahm die Brille ab, um sie zu putzen – ein Zeichen für Nervosität, wie die anderen wussten. »Es mag nur ein Detail sein, aber Sven Halmstad hat heute Morgen wörtlich gesagt, Leon könne von ihm aus auch verschwinden. Das scheint mir nun plötzlich sehr verdächtig.«

»Halmstad, Bodmer ... und Paula Roth!«, sagte Sam mehr zu sich selbst.

»Paula Roth?« Lena starrte Sam entgeistert an. »Wie kommst du auf sie?«

»Wenn sich Leon tatsächlich in der Rautalhütte befindet, ist die Hüttenwartin entweder die Entführerin oder sie hat jemandem die Schlüssel gegeben. Ganz einfach.«

Lena nickte widerwillig. »Da ist was dran, auch wenn ich kein Motiv finde.«

»Ich verstehe es genauso wenig, aber wir müssen sie jedenfalls dazuzählen, denke ich.« Sam stellte den Rucksack ab und wandte sich an die anderen. »Ich gehe jetzt mal rüber zur Hütte und sehe mich vorsichtig um. Kommt mir zur Hilfe oder ruft noch besser die Polizei, falls ich in zehn Minuten nicht zurück bin. Okay?«

»Pass auf dich auf!«, rief ihm Amélie nach, aber er war schon hinter dem nächsten Felsen verschwunden.

Sam konzentrierte sich auf die Rautalhütte und achtete darauf, dass er höchstens kurz zu sehen war. Trotz den geschlossenen Fensterläden wusste man ja nie, ob jemand aus einem Spalt zwischen zwei Läden herausschaute.

Die Hütte wirkte komplett verlassen. Nicht einmal Schmetterlinge oder Vögel waren auszumachen. Alles schien ruhig. Selbst der Wind hatte zu wehen aufgehört.

Sam horchte, nahm aber nichts anderes wahr als eine kaum auszuhaltende Stille.

Unheimlich, dachte er.

Nach einem letzten kurzen Sprint lehnte er sich mit dem Rücken an die Hauswand, bevor er sich langsam Richtung Tür bewegte, indem er sich jeweils unter den Fensterbrettern hindurchduckte. Bei der schweren Holztür angekommen, drückte er die Klinke hinunter.

»Mist, verschlossen«, murmelte er. »War ja klar.«

Sam fragte sich, ob er einfach Leons Namen rufen sollte. Vielleicht würde dieser sich ja wenigstens mit Klopfzeichen bemerkbar machen können. Nach kurzem Nachdenken beschloss er aber, noch ein wenig zu warten und dem möglichen Entführer im Haus seine Anwesenheit nicht zu verraten. Er musste den Überraschungseffekt auf seiner Seite behalten!

In der Ferne vernahm er ein Bellen. Dali! Hatte man das auch in der Hütte hören können? Sam begann zu schwitzen. War es denkbar, dass ihm jemand auflauerte?

Er erreichte den Winterraum. Vorsichtig öffnete er die Tür.

Leer.

Mit schnellen Schritten durchquerte er den spartanisch eingerichteten kleinen Raum und setzte sich auf eine der beiden Pritschen, welche den Berggängern im Winter kostenlos zur Verfügung standen. Hatte man Leon hier drin gefangen gehalten? Sam fand keinen Hinweis darauf, dass vor Kurzem jemand im Winterraum übernachtet hätte. Der Ofen war kalt, der von Paula bereitgemachte Holzstapel unberührt, die Pfanne und die Gläser ungebraucht.

Sams Blick fiel auf eine Tür, die offenbar einen Durchgang zur Hütte bot. Sicher verschlossen, dachte er, versuchte aber dennoch, sie aufzustossen. Überrascht stellte er fest, dass er sie öffnen konnte. Er überlegte fieberhaft. Sollte er die anderen holen oder sich selbst umsehen?

Das Quietschen der Tür liess ihn zusammenzucken. Nun war es zu spät. Das hatte der Entführer bestimmt gehört. Jetzt zählte vielleicht jede Sekunde!

Vorsichtig schloss Sam die Tür hinter sich und blieb mit pochendem Herz stehen. Nach einigen Augenblicken hatten sich seine Augen an die Dunkelheit gewöhnt. Dank den kleinen Schlitzen zwischen den Fensterläden fiel sogar ein wenig Licht in den Raum, den Sam unschwer als Gaststube ausmachte. Die Umrisse der Tische mit den darauf gestellten Stühlen waren schemenhaft zu erkennen, aber er konnte unmöglich sehen, ob sich auch eine weitere Person in einer der dunkleren Ecken des Raumes befand.

Sam wartete, bis sich sein Puls ein wenig beruhigt hatte, dann tastete er sich langsam vorwärts.

Eine Holzdiele knarrte.

Er zuckte zusammen.

War es die Diele unter *seinen* Füssen gewesen? Oder war das Geräusch nicht doch von woanders gekommen?

Er blieb stehen, um zu horchen.

Nichts.

Als er die Tür am anderen Ende der Gaststube vorsichtig öffnete, streifte ihn ein kühler Luftzug. Was mochte das bedeuten? Durchzug konnte es eigentlich nur geben, wenn anderswo ein Fenster oder eine Tür geöffnet war. Aber Paula hatte doch bestimmt keines der Fenster offengelassen. Sam war sicher, dass hier etwas nicht stimmte.

Seine Anspannung nahm zu.

Er blickte auf die Uhr. Allzu lang durfte er sich nicht mehr umschauen, sonst würden seine Freunde denken, ihm sei etwas zugestossen.

Vorsichtig stieg er die Treppe zu den zwei Schlafsälen hoch. Falls sich der Entführer noch im Haus befand, würde er seine Schritte wohl hören, dachte Sam, vermied es aber dennoch, mehr Geräusche als notwendig zu verursachen. Die Tür zum rechten Schlafsaal war geschlossen, jene des linken nur angelehnt.

Da! Schritte!

Sam war sich absolut sicher, einige Schritte gehört zu haben. Und das leise Tappen war zweifellos aus dem linken Schlafsaal gekommen.

Er nahm den ganzen Mut zusammen und trat ein.

Alles dunkel.

Sam machte drei vorsichtige Schritte in den dunklen Raum hinein.

Aus den Augenwinkeln nahm er eine Bewegung wahr.

Er riss die Arme hoch und hielt sie schützend über den Kopf.

Der erwartete Schlag kam aber nicht. Stattdessen rannte jemand an ihm vorbei zur Tür.

Geistesgegenwärtig packte Sam die Person an der Schulter.

Eine Frau, dachte er verwirrt.

Die Schultern waren schmal, die Person sicher nicht kräftig. Paula? Sam zog sie mit Gewalt zu sich heran, um sie mit seinem rechten Arm um den Hals zu umklammern. Die Unbekannte schrie auf und versuchte, sich mit Ellbogenschlägen Richtung Magengegend zu befreien.

Sam wich geschickt aus und verstärkte seinen Klammergriff. Ein Männerparfüm stieg ihm in die Nase. Sam erkannte den Duft, konnte ihn aber nicht zuordnen. Dennoch war er sich nun sicher, dass er es mit einem Mann zu tun hatte. Der Angreifer vom Park war es jedoch kaum. Den hatten Matteo und Leon viel grösser und muskulöser beschrieben.

Der Unbekannte nutzte den kurzen Augenblick der Unachtsamkeit für einen Rückwärtstritt gegen Sams Schienbein, sodass dessen Griff einen Moment lang lockerer wurde. Darauf schien der Mann gewartet zu haben. Sein Kopf schnellte nach unten, um Sam in den Arm zu beissen.

Blitzschnell liess Sam die linke Schulter los und fasste der Person in die Haare, um den Kopf nach hinten zu ziehen. Gleichzeitig umschloss sein rechter Arm den Hals noch enger, sodass der Mann kaum Luft bekam.

Der Unbekannte stöhnte.

»Lassen Sie mich los!«, röchelte er mit vor Angst zitternder Stimme. »Sie tun mir weh. Was wollen Sie von mir?«

Plötzlich wusste Sam, mit wem er kämpfte.

Leon!

Aber warum? Und wo war der Entführer?

Sam zögerte.

Er musste ihn loslassen und ihm sagen, wer er war, denn Leon schien offenbar panische Angst vor ihm zu haben.

»Ruhig, Leon. Ich bin es, Sam!« Er lockerte seinen Griff.

»Sam?« Leon japste nach Luft. Er knipste den Lichtschalter an und starrte entgeistert in das Gesicht seines Angreifers, der wegen des plötzlichen grellen Lichts die Augen zusammenkniff. »Wa... was ... machst ... du denn hier?«, stammelte er. Der Schock über die Rangelei im Dunkeln, den er für einen Kampf um Leben und Tod gehalten hatte, war ihm deutlich anzusehen. »Und warum greifst du mich an?« Er rieb sich den Hals. »Du hast mich beinahe umgebracht!«

»Ich habe dich nicht erkannt, entschuldige!«, murmelte Sam.

»Wen hast du denn erwartet?« Es klang vorwurfsvoll.

»Deinen Entführer.«

»Entführer?«

»Wurdest du denn nicht entführt?«

»Nein, aber ...« Leon lehnte sich an die Wand und liess sich zu Boden gleiten. »Ich muss mich erst einmal hinsetzen.« Er zitterte am ganzen Körper. »Ich kann kaum mehr klar denken ...« Er atmete tief durch.

»Du bist also selbst hier hochgegangen?«

»Ja, aber ... was ist das?« Leon wurde noch bleicher. »Da unten sind Schritte zu hören. Sam, wer ist das?«

Sams Nackenhaare sträubten sich. Da war jemand in der Hütte! Er legte seinen Finger an die Lippen und bedeutete Leon, das

Licht wieder auszumachen und zu ihm zu kommen. Er zog ihn hinter die offene Tür. Sam plante, sie in dem Moment, wenn der andere eintreten würde, mit voller Kraft zuzuschlagen und ihn so ausser Gefecht zu setzen.

Jemand schlich die Treppe hinauf.

Vor der Tür schien die Person einen Moment zu zögern.

»Sam?«, raunte eine bekannte Stimme.

Matteo! Eine Welle der Erleichterung durchflutete Sam.

»Nicht erschrecken, Berti!«, flüsterte er zurück. »Wir stehen gleich hinter der Tür.«

Die Drohung

Die MounTeens und Leon sassen im nun sonnendurchfluteten Schlafsaal. Sam hatte zwei Läden und das Fenster geöffnet, um frische Luft hineinströmen zu lassen.

Nachdem sich Matteo, Sam und Leon vom ersten Schreck erholt und Lena angerufen hatten, waren die Mädchen mit Dali ebenfalls zur Hütte gekommen. Alle konnten über die doppelte Anschleichaktion lachen und fühlten sich erleichtert, dass niemandem etwas zugestossen war.

»Zum Glück hast du mir die Tür nicht an den Kopf geknallt!« Matteo rieb sich die Nase, die ihn schon beim Gedanken daran zu schmerzen schien.

Sam verzog das Gesicht. »Ja, andernfalls hättest du Dali definitiv nie mehr Konkurrenz im Spurenschnüffeln machen können.«

Der Spürhund hatte den Kopf gedreht, als er seinen Namen gehört hatte, schnupperte nun aber wieder an Leons Schuhen und wedelte mit dem Schwanz. Er hatte ganze Arbeit geleistet!

Amélie kraulte den Kopf des Hundes. »Gut gemacht, Dali!«

»Sagt nur, der Hund hat meine Spur bis hierher verfolgen können!«, sagte Leon ungläubig.

»Er ist ein Spürhund der Polizei«, erwiderte Sam nicht ohne Stolz. »Ein Mantrailer, um genau zu sein.«

Leon schaute Dali voller Bewunderung an. »Und was heisst das?«

»Es gibt neben Drogenspürhunden oder solchen, die auf das Erschnüffeln von Sprengstoff spezialisiert sind, Hunde wie Dali, die für die Suche nach vermissten Personen ausgebildet werden. Er hat eine extrem feine Nase, und es reichen winzige Haut- oder Haarpartikel, um Dali eine Duftspur zu bieten. Er kann manche Spuren auch Tage und Wochen später noch verfolgen.«

»Unglaublich!«, entfuhr es Leon. »Aber warum habt ihr mich überhaupt gesucht? Ich habe mich doch krankgemeldet und geschrieben, ich bleibe im Bett. Sucht mich denn nun die halbe Stadt?«

»Nein, ausser uns glauben alle, du seist im Hotelzimmer.« Lena fasste die Ereignisse des Tages zusammen.

»Ihr seid tatsächlich eine Detektivbande.« Leon zwinkerte Lena zu. »Und lügt wie gedruckt, wenn es den Ermittlungen hilft.«

Alle lachten.

»Nun bist du an der Reihe, Leon!«, drängte Sam. »Warum bist du weggelaufen?«

Leon seufzte. »Eure Entführungstheorie war zwar falsch, aber weit weg von der Wahrheit seid ihr nicht. Nach dem Picknick mit euch ging ich gestern Nachmittag etwa um vierzehn Uhr vom Kongresshaus zurück ins Hotelzimmer. Als ich dort auf mein Handy blickte, entdeckte ich eine Voicemail, in der mir ein anonymer Anrufer mit verstellter Stimme drohte, mir die Zähne einzuschlagen, weil ich seine Mütze gestohlen hätte. Nicht mal im Hotelzimmer könne ich sicher sein, weil er den Mann an der

Rezeption kenne und den Schlüssel holen würde. Ich hatte totale Panik und wusste nicht wohin. Ich habe nicht lange nachgedacht, musste einfach weg.«

Leon sah plötzlich abgekämpft aus.

Er hatte bestimmt wenig geschlafen, dachte Lena.

»Also ich wäre direkt abgereist«, sagte Amélie.

»Ich wollte nicht einfach nach Hause gehen«, entgegnete Leon trotzig. »Stellt euch die Schlagzeilen vor: *Tanner kneift vor Auftritt an Gletscherkonferenz!* Oder so ähnlich. Ich musste erst nachdenken. Dazu brauchte ich aber Ruhe. Und die finde ich am besten irgendwo alleine in der Natur.«

»Also bist du hierhergekommen?«, hakte Matteo nach.

»Nein, das hatte ich nicht vor. Ich wollte nur möglichst schnell aus der Stadt raus, also bin ich einfach den Berg hochgewandert, habe mich nach etwa einer Stunde auf eine Bank gesetzt und auf Bad Lärchenberg hinuntergeschaut. Da fasste ich den Entschluss, für zwei Nächte unterzutauchen und mich offiziell krankzumelden. Ich hatte allerdings noch keinen Plan, wohin ich gehen sollte. Es war vier Uhr und ich wusste, dass es in knapp zwei Stunden dunkel sein würde. Ich musste also wieder runter in die Stadt. Das aber liess meine Angst plötzlich nicht mehr zu, versteht ihr?« Leon schaute die MounTeens fast flehend an. Es war, als ob er ihre Bestätigung suchte, dass er sich nicht wie ein verängstigter Spinner verhalten habe.

Die vier nickten ernst. Sie verstanden ihn.

»Ich merkte, dass ich mich nicht mehr traute, ins Hotel zurückzukehren, weil mir aufgelauert werden könnte. Da erinnerte ich mich an den Winterraum, den die Hüttenwartin erwähnt hatte. Und ich war ja schon auf halbem Weg, also ging ich los.«

»Aber du hattest ja kaum etwas dabei.«

»Ich war mir sicher, dass es im Winterraum Wolldecken und ein wenig Notproviant haben würde. Und so war es dann ja auch.«

»Du hast aber den Winterraum nicht benutzt, wie es aussah«, bemerkte Sam.

»Na ja, die Verbindungstür zur Hütte bleibt offen, damit man sich in der Küche etwas zubereiten kann.« Leon schien das Thema ein wenig peinlich zu sein. »Es steht ausdrücklich im Reglement des Winterraums, man solle ausser der Küche keine anderen Räume betreten, aber ich habe mich hier oben im Schlafsaal einfach sicherer gefühlt.«

»Paula wird dir den Kopf bestimmt nicht abreissen, wenn sie davon erfährt«, sagte Amélie verständnisvoll. »Ich kenne sie.«

»Und du wolltest erst morgen wieder hinunterkommen?« Sam vergewisserte sich mit einem Blick auf die Uhr, dass sie es noch vor der Dunkelheit ins Tal schaffen konnten.

»Ja, ich habe geplant, hier oben um zehn Uhr aufzubrechen, im Hotel kurz zu stoppen und alles zusammenzupacken und dann um vierzehn Uhr zum Kongresszentrum zu gehen. Nach der Podiumsdiskussion verschwinde ich gleich Richtung Bahnhof – und weg bin ich.«

»Warum meldest du eigentlich nicht einfach alles der Polizei?«, fragte Amélie.

»Weil mir gedroht wurde, meine Familie würde es bereuen. Und die will ich nicht auch noch mit hineinziehen.«

»Verständlich.« Lena überlegte. »Lass uns die Voicemail mal hören!«

Leon kramte sein Handy hervor und liess die Sprachnachricht laufen:

»Du hast etwas, was mir gehört, du Schwein! Ich schlage dir die Zähne ein, wenn ich dich kriege. Und glaub ja nicht, du seist im Hotelzimmer sicher. Ich kenne den Portier, und der gibt mir die Karte zu deinem Zimmer, wenn ich nett darum bitte. Und übrigens: Solltest du auf die Idee kommen, zur Polizei zu gehen, schwöre ich dir, dass nicht nur du das bereust, sondern auch deine Familie.«

»Diese Stimme!«, rief Lena aufgeregt. »Ich kenne sie, kann sie aber keinem Gesicht zuordnen.«

»Er spricht mit verstellter Stimme, doch sie kommt mir ebenfalls bekannt vor«, sagte Sam nachdenklich.

»Mir fällt niemand ein.« Amélie schüttelte den Kopf.

Matteo zuckte mit den Schultern. »Mir auch nicht.«

»Wen kennen nur wir beide, Lena?«, rätselte Sam. »Und die anderen nicht?«

»Keine Ahnung. Da gibt es wohl niemanden. Aber könnte es nicht Sven sein? Lass die Aufnahme bitte noch einmal laufen, Leon!«

Sie hörten die Drohung ein zweites und drittes Mal.

»Möglich, dass es Sven ist.« Matteo schien nicht überzeugt. »Ich habe ihn halt nie mit verstellter Stimme sprechen hören. Und so gut kenne ich ihn auch wieder nicht. Aber woher kam denn dieser Anruf?«

Leon winkte ab. »Die Nummer wurde unterdrückt, keine Ahnung!«

»Die kann man doch bestimmt irgendwie herausfinden«, gab sich Lena kämpferisch.

»Ja, ist theoretisch möglich«, wusste Sam. »Ist aber kompliziert und braucht eigentlich eine richterliche Erlaubnis. Und ganz ehrlich. So doof wird der ja auch nicht gewesen sein, mit seinem eigenen Handy anzurufen. Der hat bestimmt ein öffentliches Telefon benutzt und dann die Vorwahl *31 gewählt, um die Rufnummer einmalig zu unterdrücken.«

»Woher weisst du so was«, fragte Leon erstaunt.

»Mein Vater ist Wachtmeister bei der örtlichen Polizei.« Sams Tonfall klang fast entschuldigend.

»Wundert mich nicht, wenn man dir so zuhört!«, sagte Leon. »Heisst aber, wir müssen gar nicht erst versuchen, die Nummer rauszukriegen, oder?«

»Genau, das wird nichts bringen.«

Sam machte sich daran, die Läden und das Fenster wieder zu schliessen.

»Nun sollten wir aber aufbrechen.«

»Wir?«, wunderte sich Leon. »Ich komme nicht mit.«

»Doch, wir lassen dich nicht alleine hier«, antwortete Sam bestimmt. »Deinen Plan, irgendwo unterzutauchen, können wir anders umsetzen. Du schläfst bei uns zuhause.«

»Hier bin ich sicherer!«, protestierte Leon halbherzig. Er schien insgeheim froh zu sein, nicht noch einmal ganz allein in der Rautalhütte schlafen zu müssen.

»Das Problem ist doch, dass auch andere rausfinden könnten, dass du nicht im Hotel bist«, führte Sam seine Überlegungen aus. »Nicht zuletzt die Mitarbeitenden dort. Und dann haben wir den Medienskandal. Da ist es besser, du meldest dich offiziell ab.«

»Was soll ich sagen, wenn sie fragen, weshalb ich früher auschecke?«

»Dass du noch eine Nacht bei Freunden schläfst.« Mit einem kurzen Seitenblick stellte Sam zufrieden fest, dass Leons Widerstand bereits gebrochen war.

»Aber dein Vater ist doch Polizist. Da sollte ich lieber nicht hingehen.«

»Dem tischen wir die Wahrheit natürlich nicht auf. Ich darf ihm die Aktion mit Dali sowieso nicht erzählen. Wir sagen einfach, du hättest aus Versehen eine Nacht zu wenig gebucht und so kurzfristig kein Zimmer mehr erhalten.«

Leon stand auf, strich den Überzug seines benutzten Bettes glatt, legte die Wolldecke zusammen und schulterte seinen Rucksack. »Einverstanden, ich komme mit.«

Als sie wenig später durch die Verbindungstür in den Winterraum traten, fischte Leon eine Zwanzigernote heraus und legte sie in die Blechdose, die Paula für die Übernachtungsbeiträge der Wintergäste bereitgestellt hatte.

»Da wird oft betrogen, habe ich gelesen.« Er zog die Aussentür hinter sich zu. »Dieses Angebot und die damit verbundene Arbeit sind jedoch nicht selbstverständlich.«

»Richtig so, nun aber los«. Sam drängte zur Eile. »Es ist bereits halb vier. Und zwei Stunden werden wir für den Abstieg brauchen. Wir wollen noch bei Tageslicht in Bad Lärchenberg sein, oder?«

»Trinkpause«, forderte Lena bestimmt, als sie eine Stunde später bei einer Bank vorbeikamen, die eine aussergewöhnliche Aussicht bot.

Unterdessen waren über Bad Lärchenberg ein paar harmlose weisse Wolken aufgezogen, die langsam den Berg hochwanderten und den Blick auf die kleine Alpenstadt nur hin und wieder freigaben.

»Von hier oben scheinen alle Probleme so weit weg ...«, sagte Leon leise. Er wirkte zunehmend bedrückt, je näher sie der Stadt kamen.

»Über den Wolken ...«, begann Lena den Refrain eines Titels von Reinhard Mey zu singen. Die MounTeens hatten das Lied in der Schule gelernt.

»Das kenne ich.« Leon versuchte sich an die Fortsetzung zu erinnern: »Geht es nachher nicht so weiter, dass die Sorgen von weit oben ganz winzig aussehen?«

»Ganz genau.« Lena sah Leon aufmunternd an. »Und wir werden es schaffen, dass deine Sorgen auch unten im Tal wieder klein werden!«

Leon blieb skeptisch, lächelte aber dankbar.

Aufgedeckte Täter und zugedeckte Brote

»Bleib du nur hier, Leon, und komm erst einmal an«, sagte Sarah Winter. Sie fühlte sich geehrt, dem berühmten Leon Tanner aus der Patsche helfen zu können und für eine Nacht seine Gastgeberin sein zu dürfen.

Die MounTeens waren kurz nach siebzehn Uhr in Bad Lärchenberg angekommen, hatten Leon zum Hotel begleitet und gewartet, bis er gepackt und ausgecheckt hatte, bevor sich Matteo und Lena verabschiedeten, um pünktlich zum Abendessen zuhause zu sein. Leon, Sam, Amélie und Dali waren anschliessend zur Wohnung von Familie Winter weitergegangen.

»Sam macht das gerne allein, weisst du.« Sarah zwinkerte Leon verschwörerisch zu.

Mit gesenktem Blick versuchte Sam, diese Peinlichkeit, die bestimmt auch Amélie gesehen hatte, einfach zu ignorieren.

Weshalb musste seine Mutter immer irgendwelche Anspielungen machen! Es war doch nichts Besonderes, dass er Amélie angeboten hatte, sie noch bis nach Hause zu begleiten. Schliesslich war es um achtzehn Uhr dunkel.

Amélie schien die Bemerkung und das Zwinkern allerdings nicht wahrgenommen zu haben, zumindest liess sie sich nichts anmerken. Sie hatte sich vor Dali gekniet, um ihn zum Abschied zu knuddeln. Mit einem Anflug von Eifersucht beobachtete Sam, wie zärtlich Amélie Dalis Kopf streichelte. Er stellte sich einen

Moment lang vor, dass sie so durch seine Locken fahren würde, wie sie es bei Dalis Fell tat. Als sie den Hund nun aber hinter den Ohren kraulte, musste Sam beim Gedanken an den direkten Vergleich schmunzeln.

»Wollen wir gehen, Amélie?«, fragte er, wobei er merkte, wie sehr er sich in der Rolle des Gentlemans gefiel.

»Gern.« Sie lächelte ihn an.

Vielleicht sogar eine Sekunde länger als sonst, stellte Sam mit einem Kribbeln im Bauch fest. Das Gefühl der Eifersucht war augenblicklich verpufft.

»Gut, dann los!« Er reichte ihr die Hand zum Aufstehen, wobei er es absichtlich so tat, als würde er einem gefallenen Fussballer wieder auf die Beine helfen und nicht einer vornehmen Dame. Man konnte es ja auch übertreiben, und Amélie war alles andere als ein Püppchen, das es zu umsorgen galt. Zu viel war irgendwie altmodisch, fand Sam.

»Deine Mutter hat die Lüge geschluckt«, frohlockte Amélie, die mit Sam wenig später durch die Fussgängerzone ging.

»Ich habe nicht gelogen, als ich sagte, ich würde dich gerne heimbegleiten«, rechtfertigte sich Sam leicht gekränkt.

»Ach, das weiss ich doch!« Amélie lachte. »Ich meinte ja auch nicht dein süsses Angebot, mich zu begleiten, sondern die Geschichte mit Leon.«

Sam wurde rot.

»Natürlich.« Er rieb sich verlegen seinen Nacken. »Ich meine, ich tue das *wirklich* gerne!«

»Lügen?«, fragte Amélie, deren Mundwinkel verräterisch zuckten. Als sie Sams verzweifelten Gesichtsausdruck sah, hakte sie sich kurzerhand bei ihm unter und kicherte vor Vergnügen. »Ich ziehe dich so gern auf.«

Was sich liebt, das neckt sich, dachte Sam und überlegte, ob er das auch laut sagen sollte, entschied sich aber dagegen. Zum einen fehlte ihm der Mut, zum anderen wollte er den schönen Moment nicht zerstören. Amélie so nah zu sein, kam selten genug vor!

Amélie schaute Sam prüfend an: »Was sich liebt, das neckt sich, meint meine Mutter jeweils!« Sie wartete auf seine Reaktion. »Kennst du das Sprichwort?«

Sams Knie waren weich geworden. Er wusste nicht, was er antworten sollte. »Ke... kenn ich«, stammelte er schliesslich. Sam hielt den Blick geradeaus gerichtet und konzentrierte sich darauf, vor Aufregung nicht über seine eigenen Füsse zu stolpern. Wollte sie ihm auf diese Weise etwas mitteilen?

»Du neckst mich selten«, bemerkte Amélie. Es klang wie eine einfache Feststellung, aber die Aussage war niederschmetternd. Wollte sie damit andeuten, dass er sie folglich nicht liebte? Sams Mund war ganz trocken, als er stotterte: »Do... doch, da... das tue ich sehr ge... gerne.«

»Ach Sam, nimm nicht immer alles so ernst. Ich scherze ja bloss.«

Sam war komplett verwirrt.

»Entschuldige, Amélie! Ich dachte ..., ich meine ..., du wolltest mir wirklich sagen, dass ...«

»Dass du dir wie immer zu viele Gedanken machst«, unterbrach ihn Amélie. »Oder glaubst du an solche Sprichwörter?«

Sam schloss die Augen. Seine schöne Illusion, dass Amélie ihm gestehen wollte, dass sie ihn liebe, war wie eine Seifenblase geplatzt! Er lächelte gequält. »Nein, natürlich nicht. Vieles sagt man nur so.«

Sie gingen schweigend nebeneinander weiter.

Als sie vor der Tür der Richards ankamen, löste Amélie ihren Griff um Sams Unterarm. »Danke, das war lieb!«

»Sehr gerne.« Sam schluckte leer. »Amélie, was ich dir noch sagen wollte, ...«

»Ja?« Sie schaute ihn erwartungsvoll an.

»Ich finde, du solltest ernster werden, schliesslich bist du ja dreizehn.«

Amélie schnappte entgeistert nach Luft. »Wie kommst du ...?«

»Ich will dich ja nur necken!« Sam grinste schelmisch. »Du weisst ja ...!«

Amélie prustete los und schubste Sam spasseshalber von sich weg, bevor sie ihn an den Schultern packte und schüttelte. »Du hast mich voll erwischt, du Kindskopf!«

Beide lachten und rangelten miteinander, bis der Freundschaftskampf damit endete, dass ihre Gesichter nur noch zehn

Zentimeter voneinander entfernt waren und alles auf einen Kuss hinauslief. Noch fünf Zentimeter ...

»Was ist denn hier los?«, rief Amélies Mutter und öffnete die Tür.

Sam trat blitzschnell einen Schritt zurück.

»Ach, ihr seid es?«, sagte sie mit ihrem typischen französischen Akzent, den Sam so liebte. »Und ich dachte, vor unserer Tür würde gekämpft ...« Ihr Blick wanderte zwischen Sam und Amélie hin und her. Sie konnte sich ein Schmunzeln nicht verkneifen.

Sam mochte Lou Richard sehr, doch diesmal fiel es ihm sichtlich schwer, sich über die Begegnung mit Amélies Mutter zu freuen. Es hatte so wenig gefehlt! Dennoch zwang er sich zu einer höflichen Begrüssung: »Bonjour, Lou! Tu vas bien?« Mit Französisch konnte man immer punkten, wusste Sam.

»Bonsoir, Sam!«, korrigierte sie ihn zwinkernd. »Et merci!«

»Wofür denn?«, fragte er.

»Dass du Amélie nach Hause begleitet hast.« Sie sah ihre Tochter mit gespielter Entrüstung an. »Du würdest ihn besser küssen, als ihn zu schlagen, ma chérie!« Sie gluckste vor Lachen. »Au revoir, Sam!« Sie trat ein und schloss die Tür hinter sich.

Amélie hielt noch immer den Blick gesenkt.

»Mütter sind manchmal peinlich«, stellte Sam fest. »Aber meist haben sie recht.«

Amélie lächelte ihn an, nickte dann und küsste ihn schliesslich ganz kurz auf den Mund. »Danke.«

Auf dem Nachhauseweg schien es Sam, als würde er einen halben Meter über dem Boden schweben. Noch nie hatte er sich so beschwingt und glücklich gefühlt. Amélie hatte ihn geküsst! Sicher, es war nur ein flüchtiges Aufeinandertreffen ihrer Lippen gewesen, aber immerhin! Es war kaum zu fassen. Das musste er Matteo erzählen. Oder nein, doch lieber nicht! Als Geheimnis zwischen ihnen würde es sich bestimmt noch viel süsser anfühlen. Er schloss die Augen, atmete die kühle Nachtluft ein und versuchte, nochmals das Gefühl des Kusses heraufzubeschwören.

»Pass auf, wo du hinläufst, Junge!«, schimpfte ein mürrischer Passant, der den Zusammenprall gerade noch hatte verhindern können.

Sam murmelte eine Entschuldigung, blieb aber in Gedanken ganz weit weg ...

Nach dem gemeinsamen Abendessen – inzwischen war auch Sams Vater nach Hause gekommen – zogen sich Leon und Sam ins Gästezimmer zurück.

»Dein Vater ist echt nett!« Leon stand am Fenster und betrachtete den Nachthimmel.

»Du meinst, *obwohl* er Polizist ist?« Sam setzte sich aufs Bett.

»Nein, wirklich. Dem würde ich vertrauen. Fast wollte ich ihm alles erzählen.«

»Mach das bloss nicht! Ich komme in Teufels Küche, wenn er herausfindet, dass wir Dali deine Spur suchen liessen! Ganz abgesehen von den diversen kleinen Lügen, wo wir heute gewesen sind und weshalb du nun hier bist.«

»Ich weiss. Deshalb habe ich dann auch nichts gesagt.« Leon wandte sich um und sah Sam an. »Danke, dass ich hier sein darf. Es ist zehnmal besser als gestern Nacht alleine dort oben in der Gletscherhütte.«

»Kann ich mir vorstellen. Grundsätzlich finde ich es übrigens super, dass du der Polizei alles erzählen willst. Also hoffentlich nur fast alles.« Er grinste. »Dieser @nevs sollte jedenfalls nicht ungeschoren davonkommen.«

»Denkst du wirklich, dass @nevs derselbe ist wie der anonyme Angreifer im Park und ihm auch die Stimme auf der Droh-Nachricht gehört?« Leon setzte sich zu Sam.

»Da bin ich mir ganz sicher!« Sam schlug mit der Faust in seine offene Hand. »Und dass @nevs der anonyme Name von Sven Halmstad ist, glaube ich auch.«

»Nur werden wir das nie beweisen können.«

»Es sei denn, er verrät sich«, sagte Sam langsam. »Ich habe da so eine Idee.« Er nahm sein Handy hervor. »Wir wissen ja nicht, wer er ist, aber eine Nachricht können wir ihm natürlich schon senden. Hierfür kreiere ich nun einen ebenfalls anonymen Account.« Sams Finger flogen virtuos übers Display.

»Du nennst dich @retlaw?«, fragte Leon. »Wie kommst du darauf?«

»Es ist dasselbe Prinzip wie bei Svens Namen.«

Leon verstand. »Walter! Du willst dich als Walter Bodmer ausgeben?«

»Genau! Pass auf. Nun stellen wir ihm eine Falle!«

»Du glaubst doch nicht ernsthaft, dass er zurückschreiben wird?«

»Nein«, gab Sam zu, »aber es ist wohl die einzige Chance, ihn noch irgendwie zu kriegen.«

Er begann zu tippen:

»Deine Drohung hat nichts gebracht.«

Zu Sams Überraschung folgte tatsächlich umgehend eine Antwort:

»Wer bist du?«

Sam biss aufgeregt auf seine Lippen.

»Nun setzen wir alles auf eine Karte!«

Er schrieb:

»Walter. Hab einen neuen Account.«

Die Sekunden verstrichen.

Leon kaute an seinem rechten Daumennagel.

»Er schreibt nicht. Entweder war der Name Walter falsch oder er traut der Sache nicht.«

Die Spannung stieg.

»Da, er antwortet etwas!«

Sam deutete aufgeregt auf das Symbol, das anzeigte, dass der andere am Schreiben war.

»Ach so. Hab mir schon Sorgen gemacht, ich sei aufgeflogen!«

Sam und Leon schauten sich mit aufgerissenen Augen an. »Wir haben euch, Sven und Walter!«, schrie Sam und bereute es sogleich, weil seine Eltern das ja nicht hören sollten.

»Ich glaube es nicht!« Leons Stimme drohte vor Aufregung zu brechen. »Er hat sich tatsächlich verraten.«

»Das ist natürlich noch kein Beweis. Wir müssen die beiden morgen irgendwie in eine Falle locken.« Sam überlegte. »Ich muss etwas schreiben, damit Sven nun nicht gleich zum Hörer greift und Walter anruft. Er darf den Schwindel auf keinen Fall aufdecken!«

»Muss fertig machen, hab viel zu tun. Melde mich morgen. Müssen uns treffen.«

Die nächste Nachricht liess nicht lange auf sich warten und war so kurz wie klar:

»Ok.«

Sam atmete durch. »Ich glaube, der hat das gefressen.« Er zückte sein Handy erneut. »Informieren wir die anderen!«

Lena hörte Sams Sprachnachricht zum dritten Mal. Er schlug vor, dass sie sich um neun Uhr im Stadtpark treffen sollten, um die Falle vorzubereiten und zuschnappen zu lassen. Der Plan schien simpel, aber plausibel. Es war definitiv einen Versuch wert.

Gedankenverloren zog sie ihr Einhorn-Pyjama an, in dem sie sich so wohlfühlte. Eigentlich war es ein rosafarbenes Onesie – ein an Strampelanzüge angelehnter Jumpsuit mit an der Kapuze angenähter Mähne und Horn. Wenig später schlurfte sie im kuschligen Einteiler in die Küche. Wo Mama nur blieb, fragte sich Lena mit einem Blick auf die Uhr. Es war bereits neun Uhr. So langsam hatte sie echt Hunger! Bestimmt wieder eine Sitzung mit dem Gemeinderat, dachte sie und beschloss, ein paar Schinkensandwiches zu machen. Mama sollte auch noch etwas abkriegen, wenn sie nach der Arbeit nach Hause kam.

Sie belegte vier Brote, liess zwei davon in der Küche, löschte das Licht und tastete sich durch die dunkle Wohnung Richtung Zimmer.

Im Treppenhaus waren Stimmen zu hören.

Mama! Und ein Mann!

Lena überlegte, ob sie Licht machen und die beiden begrüssen sollte, aber das wäre mit ihrer Einhorn-Aufmachung tatsächlich eher peinlich! Zudem war es vielleicht ganz gut, wenn Mama denken würde, dass sie noch nicht zuhause sei ... Lena schämte sich für ihre Neugier, doch in Sachen Männer wollte sie lieber die Wahrheit kennen, als von ihrer Mutter eine schöngeredete und schonende Version zu hören.

Sie hastete in ihr Zimmer und liess die Tür einen Spalt breit offen, wobei sie sich gleich neben den Türrahmen stellte und horchte. Wenn ihre Mutter nachher wissen wollte, warum sie kein Licht gemacht oder nichts gesagt habe, würde sie vorgeben, bereits geschlafen zu haben. Sie hörte, wie ihre Mutter den Schlüssel ins Schloss steckte und die Tür öffnete.

»Lena? Bist du hier?« Anna machte Licht im Flur.

»Sie wird wohl noch mit ihren Freunden unterwegs sein«, sagte sie zu ihrem Begleiter, und es klang fast entschuldigend. »Es sind ja Ferien.«

Freiheiten zu haben, war einerseits toll, dachte Lena, aber manchmal beneidete sie Familien, die richtig viel Zeit miteinander verbrachten. Ihre Mutter war ständig ausser Haus, sogar am Abend. Und ihren Vater hatte sie nicht mehr gesehen, seit dieser beschlossen hatte, Frau und Tochter zu verlassen und ein neues Leben zu beginnen. Ihre Mutter schwieg ihn seither tot und liess auch keine anderen Männer an sich heran, obschon sie einige Verehrer hatte. Doch wer war der heutige Begleiter?

»Möchtest du nochmals unter vier Augen über die Sitzung heute sprechen?«, fragte eine bekannte Stimme, die Lena aber noch keinem Namen oder Gesicht zuordnen konnte.

Was für ein plumper Versuch!

»Ich bin müde, Walter.«

Walter!

Ausgerechnet Bodmer.

»Herzlichen Dank für deine Begleitung!«, hörte Lena ihre Mutter sagen. »Das schätze ich sehr!«

Gut abgewimmelt, Mama!

»Ja, ich auch«, erwiderte Bodmer verständnisvoll, obwohl es eher enttäuscht klang. »Und mach dir keine Sorgen wegen morgen. Sven wird es schon richten.«

»Sven ist manchmal etwas gar direkt. Ich mag es nicht, wenn er droht. Man sollte sachlich argumentieren, insbesondere bei diesen Klimafragen.«

»Du willst doch diese Tücher und Kanonen auch, oder?«

»Natürlich, für den Tourismus sind sie wichtig. Dennoch finde ich es falsch, so auf Leon Tanner loszugehen. Er hat ebenfalls recht.«

»Recht hin oder her. Hier geht's ums Geld, und davon versteht er nichts.« Bodmer schien sich zu ärgern. »Er gefährdet das ganze Projekt, wenn er morgen zu viel darüber spricht. Du weisst ja, wie die Presse alles hochkocht, was er so von sich gibt. Ich hoffe, er ist noch krank oder entscheidet sich aus anderen Gründen gegen die Teilnahme am Podium.«

Lena konnte nicht glauben, dass ihre Mutter Bodmers unverschämten Worten nicht widersprach. Steckte sie in der Verschwörung gegen Leon gar mit drin? Wusste sie vom Angriff und der drohenden Sprachnachricht? Lenas Gedanken rasten. Das durfte doch nicht wahr sein!

»Wir werden sehen. Gute Nacht, Walter!«

»Bis morgen, Anna!«

Es klang nicht nach einem Kuss, stellte Lena erleichtert fest.

Ihre Mutter schloss die Tür und kam mit schnellen Schritten näher.

Lena hastete zum Bett und schlüpfte mitsamt den zwei Sandwiches unter die Decke.

Keinen Moment zu früh! Ihre Mutter knipste das Licht an und sah sie verwundert an, als sie so verschlafen wie möglich die Augen öffnete.

»Mama? Ich habe bereits geschlafen!«

»So früh? Bist du krank, Liebes?« Sie setzte sich aufs Bett und strich ihrer Tochter über die Haare. Dann stand sie auf und öffnete das Fenster. »Hast du hier drin gegessen? Es riecht nach Schinken.«

Lena nickte, ging aber nicht weiter darauf ein. »Hattest du eine Sitzung mit der Gemeinde?«

»Ja. Sehr mühsam.«

»Thema Firstgletscher?«

»Mmh.« Ihre Mutter wirkte müde.

»Was genau war denn so schwierig?«

»Man hört einander nicht zu.« Anna seufzte. »Das Geld regiert. Leute wie Walter Bodmer widern mich an. Aber den kennst du nicht.«

Und ob ich den kenne, dachte Lena. Sie war froh, dass ihre Mutter ihn offenbar auch nicht mochte. Vielleicht hatte sie ihm vorher einfach nicht widersprochen, weil sie als Tourismusdirektorin von einem einflussreichen Geldgeber wie ihm abhängig war. Das konnte Lena akzeptieren.

»Diese Leute sind reich«, fuhr ihre Mutter weiter. »Sie denken, sie können deshalb alles bestimmen und jeden Gegner kaufen oder mundtot machen. Wie ich das hasse!«

Lena umarmte ihre Mutter, wobei sie darauf achtete, dass die Sandwiches unter der Decke blieben.

»Ich bin stolz auf dich, Mama!«

Anna deckte ihre Tochter zu. »Danke. Und entschuldige, dass ich dich geweckt habe.« Sie stand auf, löschte das Licht und zog die Tür zu.

»Wenn du wüsstest ...«, murmelte Lena, schlug die Decke zurück, entfernte die Brosamen vom Laken und biss endlich in eines der Schinkenbrote.

Die Falle

»Tschüss Leon!«, rief Sam über seine Schulter, als er um Viertel vor neun aus der Wohnung ging. »Hoffentlich bis heute Nachmittag! Und sonst viel Erfolg für deine Teilnahme an der Podiumsdiskussion!«

Sie hatten sich am Vorabend schnell darauf geeinigt, dass Leon den Morgen noch bei Sam zuhause verbringen und sich auf seinen Auftritt vorbereiten würde, während sich die MounTeens im Stadtpark ans Fallenstellen machen wollten. Sam hatte bemerkt, dass Leon froh war, seinem Angreifer und Bedroher nicht gegenübertreten zu müssen.

»Macht's gut, Sam!« Leon stoppte die Lektüre und schaute besorgt hoch. »Und passt auf euch auf! Kein Risiko!«

»Alles wie besprochen.« Sam hob den Daumen.

Leon winkte und beugte sich wieder über seine Bücher.

Die Luft war kühl, der Morgen leicht nebelverhangen. Sam bereute, keinen Schal angezogen zu haben, und beschleunigte seine Schritte.

Hoffentlich klappte sein Plan! Alles würde davon abhängen, ob @nevs seine Nachricht sah, sie für glaubwürdig hielt und nicht auf die Idee kam, Walter telefonisch oder auf anderem Weg zu kontaktieren. So optimistisch Sam am Tag zuvor noch gewesen war, so unsicher fühlte er sich jetzt, ob sie die vielen kleinen

Hindernisse, die den Plan zum Scheitern bringen konnten, wirklich überwinden würden.

Amélie und Lena warteten bereits am Treffpunkt beim Brunnen im Stadtpark, Matteo liess wie immer ein wenig länger auf sich warten.

»Morgen!«, rief Sam fröhlich und war gespannt, ob er Amélie etwas anmerken würde. Immerhin hatte sie ihn am Vorabend kurz geküsst.

Die Mädchen blickten auf.

Leicht enttäuscht stellte Sam fest, dass bei Amélie kein anderes Lächeln als sonst auszumachen war. Er verdrängte den Gedanken, dass sie den Kuss schon bereuen könnte, und konzentrierte sich auf den Grund ihres Treffens: Sie mussten @nevs hierherlocken!

Amélie schaute auf die Uhr. »Es ist neun. Sollen wir noch warten, oder ist es für den Plan wichtig, so früh dran zu sein?«

»Die Konferenz beginnt um zehn«, erwiderte Sam. »Ich dachte mir, dass Sven und Walter auch heute Morgen daran teilnehmen und sich spätestens dann sehen würden. Die Falle muss deshalb vorher zuschnappen.«

»Legen wir los«, drängte Lena. »Berti taucht schon noch auf.«

Sam zückte sein Handy und loggte sich mit seinem Account @retlaw ein. Die Mädchen sahen ihm über die Schulter, wie er tippte:

»Treffen wir uns um halb zehn dort, wo du Leon ... du weisst schon.«

»Warum schreibst du nicht einfach einen Ort hin?«, fragte Amélie. Sie stand so nah, dass eines ihrer Haare Sam an der Wange kitzelte.

Er atmete ihren dezenten Parfumduft ein. »Weil ich ganz sicher sein will, dass @nevs auch der Angreifer vom Park ist. Gestern hat er eigentlich nur bestätigt, gedroht zu haben und Walter zu kennen.«

»Clever!« Lena nickte anerkennend. Sie nahm ihre Brille ab, die an diesem feuchten Herbstmorgen zum wiederholten Mal angelaufen war. »Jeder andere hätte keine Ahnung, wo das Treffen stattfinden soll.« Sorgfältig säuberte sie ihre Gläser, bevor sie die Brille wieder aufsetzte. »Da, er hat geantwortet.«

»Okay, bis gleich.«

»Er kommt«, jubelte Sam. »Und er ist es! @nevs ist auch der anonyme Angreifer. Sonst hätte er nur Bahnhof verstanden. Nun verstecken wir uns dort hinter dem dichten Gebüsch, bis er hier ist und Teil zwei des Planes beginnen kann.«

Matteo kam angerannt. »Entschuldigt, aber die Gondel ist wegen des Windes langsamer als sonst gefahren!«

Die anderen lächelten nachsichtig. Falls es nicht stimmte, war es zumindest gut erfunden. Matteo fiel jedenfalls immer eine Ausrede ein. Mit wenigen Sätzen wurde er informiert, wie es weiterging.

Dann legten sie sich auf die Lauer.

»Halb zehn.« Sam wurde ungeduldig. »Wo bleibt Sven bloss?«

Die MounTeens spähten durch die Zweige des Gebüschs. In diesem Teil des Stadtparks kamen kaum Spaziergänger vorbei, weshalb die Aufregung beim Auftauchen von Passanten schlagartig stieg.

»Da ist jemand«, meldete Matteo. »Er ist gross, jung, die Postur könnte stimmen ...«

»Es ist nicht Sven«, sagte Amélie, worauf sich Lena und Sam die Mühe sparten, durchs Gebüsch zu sehen.

Stattdessen setzte sich Sam hin und prüfte sein Mobiltelefon.

»Mal schauen, ob @nevs noch etwas geschrieben hat.«

»Der doofe Kerl bleibt stehen«, fluchte Matteo. »Er soll endlich weggehen.«

Lena bog die Zweige zur Seite und schaute sich den jungen Mann genauer an. »Ich kenne ihn. Der wohnt in meinem Haus. Du kennst ihn auch, Sam!«

»Warte!«, zischte Sam, »er schreibt wieder.«

»Ich bin hier, wo bist du?«

»Er schreibt, er sei hier!«

Amélie erfasste die Situation am schnellsten. »Der Typ da hat eben auf seinem Handy herumgetippt und schaut nun gespannt drauf.« Ihre Stimme zitterte, als sie schlussfolgerte: »Das muss er also sein! Der Täter steht dort unten. Es ist aber nicht Sven Halmstad ...«

»Sondern Nevin«, beendete Lena den Satz fassungslos.

Sam war aufgesprungen, um sich selbst davon zu überzeugen. »Nevin Seiler!« Er überlegte fieberhaft, wie das alles zusammenpasste.

»Woher kennst du ihn, Sam?«, fragte Amélie.

»Er spielt mit mir zusammen Eishockey«, flüsterte Sam, während er versuchte, die Puzzleteile zu ordnen.

»Der Passgeber letzten Sonntag«, ergänzte Lena. »Weisst du noch, Amélie? Nevin ist siebzehn. Er wohnt im gleichen Mehrfamilienhaus wie ich.«

»Was ist nun der Plan?« Matteo wurde unruhig. »Der wird nicht ewig warten.«

»Wir müssen alles ändern«, murmelte ein sichtlich verwirrter und aufgewühlter Sam. »Wir brauchen etwas Zeit.«

»Schreib ihm, du kommst in fünf Minuten«, riet Lena.

Sam nickte mechanisch und schrieb:

»Bin in fünf Minuten da.«

Sie sahen, wie Nevin die Nachricht las, sein Handy einsteckte und dann gelangweilt umherschaute. Es gab keinen Zweifel, dass er der Empfänger der Botschaft war.

Lena hatte die neuen Informationen als Erste verarbeitet. »Es macht alles Sinn: Nevin Seiler ist @nevs. Dass das rückwärts ›Sven‹ heisst, ist reiner Zufall. Die verstellte Stimme auf der Sprachnachricht kann ich nun ebenfalls zuordnen. Das passt.«

»Ja, jetzt ist auch klar, weshalb nur Lena und ich glaubten, die Stimme von irgendwo zu kennen«, merkte Sam an.

»Und Grösse und Postur stimmen mit der Person überein, die mich angegriffen hat«, ergänzte Matteo.

»Die Kappe ...« Lena gab den Namen »Philadelphia Phantoms« in der Suchmaschine auf ihrem Handy ein. »Das ist ein Fanartikel einer Eishockeymannschaft! Da hätten wir früher draufkommen können!«

»Und da war ja auch noch Dalis Spur.« Sam blickte zu Amélie, die wortlos zustimmte, Lena nun die Wahrheit zu sagen. »Dali hat die Spur der Kappe bis zu eurem Haus zurückverfolgt, Lena.«

Amélie erklärte ihrer Freundin, dass sie ihre Mutter in Verdacht hatten und wie schwer ihnen die Lüge gefallen sei.

Lena verstand die Zweifel und schluckte leer. »Meine Mutter würde sicher niemanden zum Prügeln anheuern, aber mit Bodmer hat sie natürlich zu tun.«

»Ich glaube nicht, dass deine Mutter eine Mitwisserin ist.« Sam schüttelte den Kopf. »Vielmehr frage ich mich, wo der Zusammenhang zwischen Bodmer und Nevin ist.« Er prüfte die Zeit. »Wir können nun aber nicht mehr lang am weiteren Plan herumbasteln. Machen wir es einfach so, wie wenn Sven dort gestanden hätte. Los!«

Nevin starrte den MounTeens misstrauisch entgegen, als sie hinter dem etwa dreissig Meter entfernten Gebüsch hervortraten und durch den lichten Wald direkt auf ihn zusteuerten. Er wandte sich um und schien sich zu vergewissern, dass sie nicht jemand anderen anpeilten. Dann erkannte er Sam und Lena und seine Miene hellte sich ein wenig auf.

»Hallo Nevin!«, rief Sam.

»Hey Sam!«

»Schlechte Nachrichten. Du bist überführt.« Sam hatte beschlossen, hoch zu pokern und gleich mit der Tür ins Haus zu fallen.

Nevin trat unruhig von einem Bein aufs andere, liess sich aber nicht aus der Fassung bringen. »Wovon sprichst du, Mann?«

»Von @nevs, den ich gerade vorher als @retlaw hierhergelockt habe.«

»Spassvogel! Das hätte ich dir auch sonst sagen können, dass ich @nevs bin.«

»Du beleidigst Leon Tanner seit einer Woche aufs Übelste.«

»Na und? Wir haben Meinungsfreiheit und ich finde den Tanner nicht gut.«

»Beleidigungen haben auch Grenzen, aber darum geht es nicht.«

»Was wollt ihr eigentlich von mir? Denkt ihr, ich fürchte mich vor vier Dreizehnjährigen?« Er plusterte sich auf und liess seine imposante Statur wirken.

»Wir wollen, dass du uns die Wahrheit erzählst«, forderte Lena selbstbewusst.

»Ah, schau an, die Kleine von oben«, spottete Nevin. »Ich dachte, nur Wachtmeister Winter Junior spiele sich hier auf.«

»Dir wird der Spott vergehen.« Matteo nahm wie abgemacht die Mütze hervor. »Erinnerst du dich an den Kampf hier? Das war ich, als Leon verkleidet. Du hast mich fast erwischt, aber eben nur fast.«

Nevin wurde zornig. »Du elender ...« Er merkte, dass er daran war, sich selbst zu verraten, und zwang sich zur Ruhe. »Ich kenne diese Kappe nicht. Wovon sprichst du?«

»Oh, diese Schirmmütze wurde tags darauf einem Spürhund der Polizei vorgesetzt. Und weisst du, wohin die Spur geführt hat?«

»Das beweist doch gar nichts. Ich bin oft im Stadtpark. Der kann meine Spur von hier nach Hause auch per Zufall gefunden haben. Und ja, ich gebe zu, das ist meine Kappe. Die habe ich letzte Woche hier verloren. Jemand muss sie benutzt haben. Sagtest du, diese Person hat dich angegriffen? Das tut mir leid.« Nevin grinste höhnisch.

Sam hatte genug vom falschen Spiel. »Du erzählst ja vielleicht einen Quatsch und widersprichst dir ständig selbst. Schau der Wahrheit ins Gesicht, Nevin. Die Beweise sind erdrückend.«

»Beweise? Wofür?«

»Ich sage dir nun nochmals, was wir sicher wissen und was du zu tun hast.« Sam beschloss, mehr Druck aufzusetzen, auch wenn nicht alles stimmte.

Nevin wirkte plötzlich verunsichert. Sams Überzeugung hatte gewirkt.

»Du hast als @nevs Beleidigungen geschrieben. Leon hat gestern bei der Polizei Anzeige gegen Unbekannt erstattet. Da du nun aber bereits zugegeben hast, dass der Account dir gehört, wirst du schon mal nicht ungeschoren davonkommen.« Sam log, ohne mit der Wimper zu zucken.

Nevin begann zu schwitzen.

»Du wurdest beauftragt, es nicht bloss bei den Beleidigungen zu belassen, sondern Leon auch zu drohen, was du hier im Stadtpark am Samstagabend nach der Demonstration getan hast. Unser Lockvogel Matteo war am Sonntagabend noch einmal als Leon verkleidet hier. Das hat dich an der Ehre gepackt und du wolltest ihn verprügeln.«

Nevin schwieg.

»Doofe Idee«, fuhr Sam fort. »Weil du damit dieses Beweisstück verloren hast.« Er zeigte auf die Schirmmütze in Matteos Händen. »Dass es deine Kappe ist, hast du ja ebenfalls schon zugegeben. Und sonst würde das eine DNA-Analyse bei der Polizei sowieso beweisen.« Sam trug dick auf, fand Amélie, aber er schien erfolgreich zu sein damit. »Gestern Abend haben wir deine Drohung, die du Leon mit verstellter Stimme gesendet hast, meinem Vater gezeigt.«

Nevin wurde bleich, als Sam Wachtmeister Winter ins Spiel brachte.

»Er meinte, die Polizei könne diese Stimme problemlos der natürlichen Sprechstimme zuordnen, wenn sie diese hätten.«

Nevin schien bedient zu sein, aber Sam setzte noch einen drauf.

»Das allein wird dich deine Lehrstelle kosten.«

»Nein!«, hauchte ein sichtlich geknickter Nevin. »Bloss das nicht! Meine Eltern bringen mich um.«

»Du willst also kooperieren?«

Lena sah Sam erstaunt an. Was hatte er vor? Bis hierher hatten sie das Gespräch geplant. Nun schien er zu improvisieren.

»Was muss ich tun?«, fragte Nevin leise.

»Du gestehst erstens, wer dich beauftragt hat. Das wird strafmildernd sein.«

»Ihr wisst es ja schon. Der Ehemann meiner Tante.«

Er war also mit Bodmer verwandt, dachte Lena. Das erklärte vieles.

»Zweitens rufst du ihn nun sofort an und sagst, ihr seid aufgeflogen«, fuhr Sam weiter

»Und dann?«, jammerte Nevin.

»Dann teilst du ihm mit, ihr zwei hättet ab jetzt genau eine Stunde Zeit, euch bei der Polizei zu melden und euch selbst anzuzeigen. Mein Vater erwartet, euch persönlich auf dem Posten zu sehen.«

Das also war der Plan.

Genial, fand Lena.

»Verstanden?«, hakte Sam mit schneidender Stimme nach und versuchte, seiner Forderung möglichst viel Nachdruck zu verleihen.

»Ja«, wisperte Nevin, dessen imposanter Körper mehr und mehr einem Häufchen Elend glich. Er tippte auf sein Handy. »Walter?«, sagte er, als am anderen Ende abgehoben wurde. »Ich bin's, Nevin. Hör zu ...« Er schilderte ihm die ausweglose Situation.

Die MounTeens schauten Nevin nach, der Richtung Kongresszentrum davonschlich. Wahrscheinlich würde er sich mit Bodmer treffen, um zu besprechen, was sie der Polizei genau sagen wollten.

Sam wählte die Nummer seines Vaters, der sich glücklicherweise sofort meldete.

»Papa, ich bin's ...«

...

»Nein mir ist nichts passiert.«

...

»Nein, ich habe auch nichts angestellt ...«

...

»Ich weiss, du bist im Dienst. Es ist nichts Privates. Ich rufe dich als Polizist an.«

Sam erzählte die ganze Geschichte in knappen Sätzen, wobei er Dali bewusst aus dem Spiel liess. Es war nicht anzunehmen, dass Nevin und Bodmer etwas vom Hund erzählen würden. Er spielte für die Selbstanzeige ja auch keine Rolle.

»Und?«, fragte Matteo gespannt, nachdem Sam aufgelegt hatte. »Will er dir den Kopf abreissen, wenn ihr euch zuhause seht?«

»Es wird wohl einigermassen glimpflich ablaufen. Er meinte nur, ich hätte ihn früher informieren sollen. Solche Angelegenheiten seien Sache der Polizei.«

»Ich glaube, er wäre echt stolz auf dich, wenn er dich heute gesehen hätte, Sam!« Amélie legte ihm die Hand auf die Schulter.

»Das würde er wohl nur ungern zugeben«, lachte Sam. »Muss er aber auch nicht. Er ist halt mein Vater, der sich einfach um mich sorgt. Ist ja bei euren Eltern genauso.«

»Die MounTeens haben wieder mal einen Fall gelöst«, stellte Lena zufrieden fest. »Und was tun wir jetzt?«

»Ich habe eine gute Idee.« Matteos Augen leuchteten. »Wir setzen uns ins Café Mokka gleich gegenüber dem Polizeiposten, bestellen uns eine heisse Schokolade und warten, ob unsere Täter auftauchen.«

Eine Viertelstunde später sassen die MounTeens vor vier dampfenden Tassen und blickten gespannt durchs Fenster zum Eingang des Polizeipostens hinüber, der sich auf der anderen Strassenseite befand.

Amélie wandte sich an Sam: »Es gibt keinen anderen Eingang, oder?«

»Nein. Wenn sich die beiden selbst anzeigen wollen, werden wir sie sehen.« Sam warf einen Blick auf die Uhr, die an der Holzwand des Cafés hing. »Falls sie unser Ultimatum ernst genommen haben, tauchen sie in den nächsten zehn Minuten auf.«

POL ZEI
Mokka

Ein schwarzer Wagen fuhr vor.

»Da sind sie ja schon«, bemerkte Matteo vergnügt. »Ich habe Nevin durch die Autoscheibe erkannt.«

»Er steigt aus«, kommentierte Amélie aufgeregt. »Der Plan funktioniert wirklich.«

»Die Fahrertür öffnet sich ebenfalls.« Lena hielt die Luft an. »Ist das Nevins Vater? Jedenfalls ist es nicht Bodmer!«

»Mann, Leute! Wie blind waren wir die ganze Zeit! Nein, das ist nicht Nevins Vater. Es ist Walter, aber eben nicht Bodmer!« Sam schlug sich an die Stirn. »Ich fasse es nicht. Das ist der Leiter des Kongresszentrums ...«

»Walter Wirz!«, sagten alle wie aus einem Mund.

Der sechste Gast

Die MounTeens hatten sich in ihrem »Hauptquartier« versammelt. So nannten sie Sams Zimmer im Hotel Montana auf der Lärchenalp, auch wenn sie gar nicht so regelmässig da waren. Dirk Beermann, der Pächter des Hotels, hatte es Sam zur Verfügung gestellt, weil dieser ihm manchmal am Wochenende im Service aushalf. Und da nach zweiundzwanzig Uhr keine Gondel mehr ins Tal fuhr, konnte Sam dann jeweils dort übernachten.

Zwei Tage waren seit dem Ende der Gletscherkonferenz und Leons Abreise vergangen. Die Podiumsdiskussion am Donnerstagnachmittag hatte nicht halb so hohe Wellen geworfen, wie viele das erwartet hatten. Im Prinzip waren sich alle Beteiligten einig gewesen: Den Gletschern wird nur das Verlangsamen oder Stoppen der globalen Erderwärmung helfen. Über die Massnahmen am Firstgletscher hatte man kaum gestritten.

Sam öffnete das Fenster. »Hier muss dringend wieder mal gelüftet werden.« Kühle Bergluft strömte ins Zimmer.

»Das sind keine zehn Grad mehr.« Lena fröstelte. »Der Winter kündigt sich an.«

»Gut so!«, freute sich Amélie. »In zwei Monaten fahren wir endlich wieder Ski.«

»Erst einmal ist aber Zwischensaison«, sagte Matteo. »Meine Eltern sind froh, dass ab morgen Pause ist. Alle Hotels schliessen bis Anfang Dezember.«

Sam betrachtete die fast menschenleere Alp. »Heute ist auch schon nicht mehr viel los.«

»Für die Wanderer ist es ab Mitte Oktober hier oben einfach zu kalt, wenn die Sonne nicht scheint.« Matteo blickte prüfend zum Himmel. »Ich denke, in der Nacht wird es den ersten Schnee geben.«

»Wir wären ja auch nicht hier, wenn uns Sven nicht zum Essen eingeladen hätte.« Lena gesellte sich zu Sam ans Fenster und schaute nachdenklich hinüber zum Hotel Arvenhof. »Habt ihr eigentlich verstanden, weshalb?«

»Keine Ahnung.« Amélie setzte sich aufs Bett. »Vielleicht plagt ihn das schlechte Gewissen ...«

»Vergiss nicht, dass er genauso unschuldig ist wie Walter Bodmer, den wir so lange verdächtigt haben«, erwiderte Lena.

»Ich weiss, aber er muss erkannt haben, dass man Menschen auch mit Worten verletzen kann. Gegenüber Leon hat er sich definitiv nicht gerade respektvoll geäussert.«

Matteo trat ungeduldig von einem Bein aufs andere. »Was meint ihr? Wollen wir losgehen?«

»Die Einladung ist für zwölf Uhr, das ist in einer halben Stunde«, stellte Sam nach einem Blick auf sein Handy fest. »Ich würde gerne noch kurz mit Dirk sprechen, schliesslich ist er unser Eishockeytrainer.«

»Meinst du, Nevin spielt weiterhin bei euch im Team?«, fragte Matteo, der nicht daran zu glauben schien.

»Mein Vater erzählte mir, Nevin habe das Ganze bei der Selbstanzeige sehr leidgetan. Er wollte sich offenbar bei Leon entschuldigen. Wie das zwischen ihm und mir aussieht, weiss ich nicht. Ich gebe ihm aber schon eine zweite Chance.«

»Hat jeder verdient, denke ich«, pflichtete ihm Amélie bei. »Und finde ich stark von dir.«

Die MounTeens verliessen ihr Hauptquartier, stiegen die zwei Stockwerke hinunter und fanden Dirk Beermann hinter dem Tresen, wo er gerade am Entkalken und Reinigen der Kaffeemaschine war.

»Gibt's heute keinen Kaffee mehr, Chef?«, spasste Sam.

Dirk schüttelte den Kopf. »Kommt ja sowieso niemand. Da dachte ich mir, ich fange schon mal an, ein wenig aufzuräumen.« Er legte den Putzlappen zur Seite und bat die MounTeens, auf den Barhockern Platz zu nehmen. »Was darf ich euch Detektivhelden anbieten?«

»Du hast schon davon gehört?« Sam bestellte nur ein Glas Wasser. Die anderen schlossen sich an.

»Natürlich. Nevin hat mich gestern angerufen. Er wollte, dass ich es von ihm selbst erfahre.«

»Und?«, fragte Sam angespannt.

»Ich werde ihn deswegen nicht aus dem Team werfen. Die Strafe muss er auf andere Weise erhalten. Aber ich habe ihn natürlich auf dich angesprochen, Sam ...«

»Ich kann damit umgehen«, sagte Sam schnell.

»Das glaub ich dir, doch ich wollte von Nevin selbst hören, dass er dich wieder als Teamkollegen akzeptiert.«

»Macht Sinn.« Sam war erleichtert. »Danke, Dirk!«

»Und wenn ich das nicht auch spüre, dann ist er schnell weg, glaub mir!« Dirks Miene verfinsterte sich. »Den Mannschaftsgeist lasse ich mir nicht kaputtmachen.«

Eisiger Wind hatte eingesetzt, und die MounTeens zogen die Reissverschlüsse ihrer Jacken hoch, als sie kurz darauf aus der Gaststube traten, um über die Lärchenalp zum Hotel Arvenhof zu eilen. Wenig überraschend hatte es auch in Svens Restaurant kaum Gäste.

»Willkommen!«, rief er aus der Küche. »Nehmt schon mal Platz. Dort vorne rechts am Fenster.«

Verwundert stellten die MounTeens fest, dass der Tisch für sechs Personen gedeckt war.

»Wer kommt wohl noch?«, fragte Lena leise.

»Verheiratet ist Sven jedenfalls nicht«, antwortete Matteo. »Aber vielleicht ist ja Emma Kraus seine neue Freundin.«

»Das glaube ich nicht. Die ist am Donnerstag im gleichen Zug weggefahren wie Leon. Ihr wisst ja, ich habe ihn noch bis zum Bahnhof begleitet.«

»Doch ein wenig verliebt, unsere Lena«, stichelte Matteo.

»Du Doofmann!«, wehrte sich Lena lachend.

Die Tür öffnete sich und eine Frau trat ein.

»Hallo! Ihr müsst Sam, Matteo, Amélie und Lena sein. Ich bin Hanna Wirz!« Sie hängte ihren Mantel an die Garderobe und ging lächelnd auf die MounTeens zu. »Ich bin die Inhaberin der Tuchfabrik.«

Die vier starrten sie mit offenen Mündern an.

»Ich verstehe eure Überraschung, aber ich wollte euch sehr gerne treffen.«

»Das ist ... schön, nur ... warum?« Lena hatte die Stimme als Erste wiedergefunden.

Sven trat hinzu. »Hanna und ich hätten uns hier heute zu zweit zum Essen getroffen, um über den Firstgletscher zu sprechen. Ihr wisst ja, ich habe eine Geldsammlung für die Vliese auf dem Gletscher gestartet. Sie ist nun beendet. Es sind weit über hunderttausend Franken zusammengekommen.«

»Das ist grossartig, Sven!«, freute sich Hanna Wirz. »Ich bin dir sehr dankbar.« Sie wandte sich an Lena. »Aber du wolltest wissen, weshalb ich euch gerne einladen würde.«

»*Sie* haben uns eingeladen, nicht Sven?«

»Ich habe das für Hanna eingefädelt«, bemerkte Sven.

Frau Wirz hob entschuldigend die Hände. »Ich fürchtete, dass ihr sonst nicht gekommen wärt.«

»Wir hätten uns zumindest sehr gewundert«, gab Lena zu. »Schliesslich haben Ihr Ehemann und Ihr Neffe sich auch wegen uns für eine Selbstanzeige entschieden.«

»Ich weiss.« Sie seufzte. »Und ich bin euch dankbar!«

»Wie bitte?« Sam glaubte, sich verhört zu haben. »Sie wollen uns mit diesem Essen danken?«

»Ja.« Frau Wirz setzte sich zu den MounTeens an den Tisch. »Und ich möchte ein paar Dinge erklären.«

Als alle bestellt hatten, räusperte sich Frau Wirz. »Ich weiss gar nicht, wo ich beginnen soll. Zuerst möchte ich sagen, dass mir der Umweltschutz sehr am Herzen liegt und ich Leon Tanner und die Klimabewegung äusserst schätze. Beim Projekt am Firstgletscher will ich mit meinen Tüchern ja eigentlich auch nur das Beste für den Gletscher. Ich verstehe, dass man da geteilter Meinung sein kann, weil der bedeckte Gletscher künstlich am Leben gehalten wird und das Ganze unnatürlich aussieht. Aber es steckt keine Absicht dahinter, auf Kosten der Natur Geld zu scheffeln, versteht ihr?«

Die MounTeens nickten. Der Tuchfabrikantin war ganz sicher kein Umweltvergehen vorzuwerfen.

»Nun ist es so, dass es meiner Firma finanziell schon länger nicht mehr gut geht«, fuhr Frau Wirz bedrückt fort. »Andere Länder produzieren die Stoffe viel billiger. Nur wenige kaufen noch bei mir. Der Auftrag am Firstgletscher ist deshalb überlebenswichtig für meine Tuchfabrik.«

Frau Wirz schaute die MounTeens an und zögerte.

»Ich weiss, was ihr jetzt denkt. Dass dies kein Grund sei, um andere Menschen einzuschüchtern. Da habt ihr völlig recht. Glaubt mir, ich bin aus allen Wolken gefallen, als Walter mir erzählte, was hinter meinem Rücken gelaufen ist. Davon wusste ich nichts. Ich habe ihm so richtig die Ohren langgezogen, das könnt ihr mir glauben.« Ihre Gesichtszüge wurden plötzlich weicher. »Aber ich habe ihm auch verziehen. Er tat es aus Liebe, wisst ihr. Er will nicht, dass ich meine Firma schliessen muss. Sie bedeutet mir und meiner Familie unendlich viel.« Frau Wirz schluckte leer und kämpfte einen Moment lang mit den Tränen. »Als Leiter des Kongresszentrums wusste mein Mann aber, dass sich die Medien auf Leon und dessen Aussagen stürzen würden. Als ihm dann Paula Roth offenbarte, Leon wolle das Projekt am Firstgletscher kritisieren, machte er sich grosse Sorgen und hat meinen Neffen Nevin angerufen. Er fragte ihn, ob er nach der Demonstration Leon nicht davor warnen könne, das Projekt anzusprechen. Das war zweifellos falsch. Was aber Nevin darunter verstanden hat, konnte er nicht ahnen.« Frau Wirz fasste sich mit beiden Händen an den Kopf. Die Entgeisterung über das Geschehene war ihr anzusehen. »Es ist komplett aus dem Ruder gelaufen. Walter wusste das alles nicht. Er wollte nur, dass Leon nichts von den Tüchern sagt.«

»Sag nichts von den Büchern«, murmelte Matteo. »Leon hat es falsch verstanden.« Er erklärte Frau Wirz den Zusammenhang, der ihr unmittelbar einleuchtete.

»Ja, Nevin hat sicher die Tücher gemeint«, bestätigte sie. »Und nun erkläre ich euch noch seine Beweggründe. Es entschuldigt die Sache nicht, aber vielleicht wird klarer, weshalb er überreagiert hat.« Sie nahm einen Schluck Wasser. »Nevin hat nach der Schule keine Lehrstelle gefunden, also bot ich ihm eine in meiner Tuchfabrik an. Er ist der Sohn meiner Schwester. Ich musste einfach helfen. Nevin war sehr dankbar und blühte in letzter Zeit richtig auf. Er muss gedacht haben, Leon bedrohe seine Stelle, weil ich ohne den Auftrag die Firma schliessen müsse.« Frau Wirz sah die MounTeens lange an, bevor sie fortfuhr: »Das war, was ich euch erklären wollte, damit ihr wisst, dass die Familien Wirz und Seiler nicht einfach kriminell, geldgierig und gewalttätig sind.« Traurig fügte sie an: »Eigentlich trifft nichts von alledem wirklich zu.«

»Wir glauben Ihnen, Frau Wirz.« Sam hatte die Geschichte zumindest teilweise schon von seinem Vater erfahren, der für einmal eine Ausnahme gemacht und Sam trotz Schweigepflicht über den Inhalt der Selbstanzeige informiert hatte.

»Danke. Das war mir wichtig. Mein Neffe hat sich bereits bei Leon Tanner gemeldet und sich entschuldigt. Leon verzichtet auf eine Anzeige. Nevin und mein Mann werden mit einer Busse davonkommen – und ohne Skandal. Ausser der Polizei, Sven, Leon und euch weiss niemand etwas davon.«

Amélie lächelte. Sie mochte harmonische Lösungen.

»Nevin wird aber zur Wiedergutmachung einen Monatslohn an eine Umweltorganisation spenden – und mein Mann und ich legen noch einmal das Doppelte drauf. Strafe muss sein!«

»Eine tolle Frau!«, sagte Lena, als sich die MounTeens nach dem Essen wieder auf den Rückweg machten.

»Bewundernswert.« Matteo blickte zum Firstgletscher hoch. »Ich wünsche mir wirklich, sie erhält den Auftrag, sodass ich den Gletscher auch meinen Kindern noch zeigen kann.«

»Vielleicht werden Gletscher aber auch irgendwann ohne Tücher überleben, weil wir die globale Erderwärmung stoppen können«, wandte Amélie hoffnungsvoll ein. »Daran möchte ich zumindest glauben.«

ENDE

Noch mehr Abenteuer erleben auf

www.moun-teens.com

⇒ Schreibe Marcel Naas und den MounTeens.

⇒ Melde dich für den kostenlosen MounTeens-Club an und erhalte zum Beispiel eine Überraschung zum Geburtstag.

⇒ Löse Quizzes und prüfe dein Wissen.

⇒ Wage dich mit Sam im Snowboard-Game auf die Piste und sammle Punkte.

⇒ Entdecke und bestelle weitere MounTeens-Bücher und tolle Souvenirs.

⇒ Vieles mehr ...

⇒ **Neu: MounTeens Abenteuer auch als Hörspiele erhältlich (BERGIS Medien).**